パウンドケーキ
無限レシピ

加藤里名

JN047170

Sommaire

3

くだものやナッツを加える

4

パウンド型で作る
いろいろなお菓子

パウンドケーキの
無限の可能性

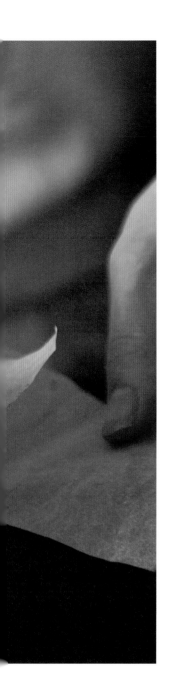

この本の目的は2つあります。まず第一には、確実においしいパウンドケーキを作れるようになること。そして第二には、レシピを自在に応用・展開できるようになることです。

パウンドケーキは比較的作りやすい焼き菓子です。手近にある食材、旬のくだものや野菜を組み合わせて、思い立ったらすぐに作れるような気軽さと包容力がパウンドケーキにはあります。

しかしそれでもやはりおいしく作るためにはこつがあって、まあ、多少ふくらまなくても自分で作ったお菓子はおいしいものですが、まるでプロが焼いたかのようなものができあがれば、それだけ作る喜びは高まることでしょう。

私がお菓子を作り始めたのは高校生のころでした。そういうときに限って人はレシピを勝手に変えてしまうものですが、私もあれこれ加えたり、代用したりするうちに、生地がふくらまなかったり、具材が沈んでしまったりしたことが、一度と言わず、何回もありました。それで意気消沈し、パウンドケーキ作りから離れてしまった時期もあったほどです。

本書で紹介しているのは、私なりに研究を重ねた末に導き出した「作りやすく、失敗しにくい」レシピです。具材や液体を加えた際の粉類の量や砂糖の量をルール化し、その結果、一般家庭でも、応用・展開がしやすくなっています。

まずは基本の作り方に慣れていただきたいと思います。生地が分離することなく、つやがあり、焼けばよくふくらむような、おいしいパウンドケーキを作れるようになってください。この本のレシピのとおりに作れば大丈夫です。

そのうえで、次の段階として、好みのフレーバー、好みの食材、好みのトッピングでアレンジしてみてください。本書にある近しいレシピや注釈を参考にしながら作れば、最初はもしかしたら失敗してしまうかもしれませんが、2度目、3度目にはきっとおいしく焼けるはずです。

その瞬間に、あなたの「無限レシピ」は始まります。さまざまなレシピ、さまざまな食材に挑戦するうち、気がつけばあなたはパウンドケーキの本質をしっかり掴んでいることでしょう。それは私たちが文字では伝えきれない、あなただけの大切な感覚です。

パウンドケーキをもっと気軽に楽しんでほしいとこの本を作りました。季節の恵みを存分に生かしながら、これからもパウンドケーキ作りを楽しんでいただけたらうれしいです。

加藤里名

道具について

18cmパウンド型

長さ174mm、幅80mm。高さ60mmのステンレス製のものを使っています。ステンレス製は扱いやすいので万人におすすめできます。ブリキ製は熱伝導がよく、きれいに焼けますが、さびやすいので注意。シリコン製は扱いやすいのですが、焼き色がきれいに出ません。

オーブン用シート

パウンド型にはオーブン用シートを敷き込んでから、生地を流し込みます。敷き込み方は下の写真を参考にしてください。幅は30cmくらいあるものが使いやすいでしょう。

型の高さより2cmほどはみ出すようにオーブン用シートを切り出す。

中心を合わせて、底面の四辺の跡をしっかりつける。

跡に従ってきっちりと折る。

写真のようにはさみで切り込みを入れる。

底面の四隅をしっかり合わせて敷き込む。

生地を入れる前に少量の生地で紙と型を接着するとよい。

ハンドミキサー

最初のバターをクリーミングするところから卵を加え混ぜるところまではハンドミキサーを使用します。機種によって異なりますが、基本的には「高速」を使用してください。

ゴムべら

シリコン製で耐熱性のものです。粉を加えてからはゴムべらで混ぜます。お菓子作り以外に普段の料理作りでも活躍してくれるので、持っていて損はありません。

粉ふるい（万能こし器）

薄力粉は加えるときに粉ふるい（万能こし器）でふるって加えます。こうすることによりだまになりにくく、均一で、ふんわりとした、食感のよい生地に仕上がります。

ボウル

サイズ違いのセットを一式持っておくとよいでしょう。直径20〜22cm程度のものをメインとして生地作りに使い、小さいものは材料を計量して入れておいたり、湯せんにかけたりして使います。

オーブン

コンベクション方式の電気オーブンを使っています。お菓子作りには、できるだけパワーがあり、庫内の温度が安定するオーブンがおすすめです。ガスオーブンなど、オーブンによって焼け方に差が出る可能性がありますので、焼成温度を10℃上げ下げしたり、加熱時間を5分ほど足し引きしたりして、調整してください。

◎そのほかにも、焼いたケーキをのせて冷ますためのケーキクーラー（網）、ジャムやシロップを塗ったりするときに使うはけ、粉砂糖をふるう茶こし、調理用の温度計などがあると便利です。

材料について

バター（食塩不使用）

パウンドケーキの風味とふくらみに大きな影響を与えるのがバターの存在です。食塩不使用で、なるべく質のよいものを使ってください。乳酸菌が入った「発酵バター」を使うと、非常に風味がよくなります。

薄力粉

パウンドケーキの骨格を形成し、風味や食感に大きな影響を与える材料です。本書では「スーパーバイオレット」という銘柄の薄力粉を使用していますが、これはふんわりと焼きあがることに定評がある商品です。「バイオレット」でもOK。

卵

生地にふんわり感としっとり感を与えます。水分が多く分離しやすいので、混ぜ合わせるときは少量ずつ加えてなじませます。大事なのは加えるときの温度。冷たいままだと生地を硬くしてしまい、失敗の原因になります。本書ではMサイズ（50g）を基準にしています。

グラニュー糖

パウンドケーキの甘みとしっとり感のもとが砂糖です。砂糖にもたくさんの種類がありますが、本書ではおもにくせのないグラニュー糖を使用。製菓用の粒子が小さくて混ぜやすいもの（「微粒子タイプ」など）もあります。

ベーキングパウダー

生地に混ぜて加熱するとガスが発生し、生地全体をふくらませます。加えるのはごく少量ですが、生地のふくらみが安定し、軽い食感に。本書ではアルミニウム不使用のものを採用。入れすぎると苦くなるので注意。

きび砂糖

基本的にはグラニュー糖を使いますが、こくを出したいとき、はちみつやメープルシロップと組み合わせるときは、きび砂糖を使っています。食材や風味によってはきび砂糖が生きるので、ぜひ食べ比べてみてください。

生クリーム

乳脂肪分は35％、または36％のもので問題ありません。おもにキャラメルを作る際に使用しています。キャラメル作りでは、熱い鍋中に加える前に温めておかないと、バチバチとはねて非常に危険です。電子レンジで温めてから加えましょう。

牛乳

なにか材料を加えることで生地がパサついてしまいそうなときは、牛乳を少し加えて生地の中の水分を増やします。特に指定はありませんが、低脂肪乳は避けたほうがよいでしょう。

はちみつ

砂糖の一部をはちみつにすることがあります。焼き色を濃く出したい、はちみつの風味を出したい、生地にしっとり感を出したいなど、さまざまな理由があります。

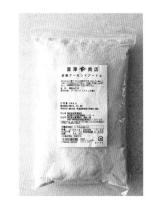

アーモンドパウダー

薄力粉の一部をアーモンドパウダーに置き換えることがあります。アーモンドの風味がつき、少ししっとりとして、重みのある仕上がりになります。「皮なし」タイプを使ってください。

ホワイトチョコレート

黒い一般的なチョコレートからカカオマスを抜いたものがホワイトチョコレートです。苦みはなく、クリーミーな甘さがあり、焼き菓子にもよく用いられます。生地のしっとり感を増す効果もあります。

チョコレート
（スイート）

製菓用のクーベルチュールを使っています。「スイート」は、名前こそスイートですが、苦めのタイプ。カカオ分は55～60％程度のものが使いやすいでしょう。ほかに牛乳が入った「ミルクチョコレート」がありますが、本書では使用していません。

基本のパウンドケーキ

バター、砂糖、卵、粉。基本の材料だけで作るシンプルなパウンドケーキです。
私の配合はバターがやや多めで、バターの風味がしっかり感じられる、
しっとりとした焼きあがりになります。
また、薄力粉も少し多めにしているので、失敗しにくくなっています。

Point 1
裂け目が完全に乾燥し、
薄く焼き色がついている。

Point 2
きれいに割れているのは、
生地がたくさんの
空気を含んでいる証。

Point 3
しっかり高さが出て、
よくふくらんでいる。

Point 4
全体的にむらなくきつね色の
焼き色がきれいについている。

Point 5
生地のきめが細かく、
ふんわりとしている。

断面は生地のきめが細かく、ふ
わっとしていればOK。粉類を加
えてから混ぜすぎるとあまりふく
らまなくなってしまう。

材料 **下準備**

バター (食塩不使用) … 105g
　▶常温に戻してやわらかくする ⓐ

グラニュー糖 … 100g

全卵 … 100g (2個分)
　▶フォークでほぐし混ぜ、
　70℃ほどの湯せんにかけて
　40℃ほどに温めておく ⓑ

粉類 { 薄力粉 … 105g
　　　ベーキングパウダー … 1g
　▶合わせる

▶型にオーブン用シートを敷く
▶オーブンは天板ごと180℃に予熱する

バターは指がすっと入るくらい、十分にやわらかくしておかないと失敗の原因になる。ラップに包み、電子レンジ (600W) で5〜10秒ほど加熱してやわらかくしてもよい。夏場などは逆にやわらかくなりすぎてしまうこともあるので注意。

卵は冷蔵庫から出してすぐの冷たい状態で加えると失敗の原因に。湯せんにかけつつ、たまに混ぜて、ぬるめのお風呂くらいの温度にしておく。生地の温度をコントロールすることが重要。

基本のパウンドケーキ

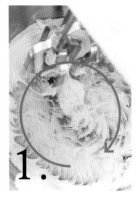

1.
ボウルにバターを入れ、ハンドミキサーの高速でなめらかになるまで1分ほど混ぜる。

2.
グラニュー糖を加え、ふわっとして白っぽくなるまでさらに2〜3分混ぜる。

3.
卵を5回ほどに分けて加え、そのつどつやが出て筋が見えるようになるまで30秒〜1分混ぜる。

◎水分が分離してしまった場合、粉類の¼量ほどを先にふるい入れ、ハンドミキサーで混ぜ、生地を落ち着かせてください。

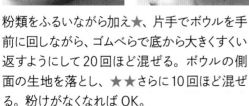

4.
粉類をふるいながら加え★、片手でボウルを手前に回しながら、ゴムべらで底から大きくすくい返すようにして20回ほど混ぜる。ボウルの側面の生地を落とし、★★さらに10回ほど混ぜる。粉けがなくなればOK。

◎非常に重要な工程。混ぜすぎず、効率よく生地を一体化させることが重要です。

★ 食材追加ポイント❶
ココアパウダー、抹茶パウダーなどの粉類はこのタイミングで、薄力粉などといっしょにふるい入れます。

★★ 食材追加ポイント❷
ペースト状のものや固形物はこのタイミングで加えることが多いです。やはり混ぜすぎないよう気をつけて。

パウンドケーキはここにさまざまな食材を加えて展開することができますが、
その場合、食材の性質によって、加えるタイミングが異なります。
おもに3つの食材追加ポイントがありますので、覚えておいてください。

5.

型に4を入れ★★★、予熱完了後に170℃に
下げたオーブンで40〜45分焼く。10分ほどが
たち、生地の表面に膜ができたら、水で濡らし
たナイフで中央に切り込みを入れる。

◎少量の生地でオーブン用シートと型を接着しておくと生地が
入れやすくなります。

★★★ 食材追加ポイント❸
水分の多いくだもの、大きな固形物、か
たまりで加えるジャムやクリームチーズ
は、型に生地の½〜⅓量を入れたあと、
生地にのせるようにして加えることがあ
ります。

◎焼き上がったばかりはふわふ
わとやわらかいので、きれいに切
ることはできません。冷まして
から切ってください。
◎きれいに切るには波刃のブレッ
ドナイフがおすすめです。均等な
厚さに切るには食パン用のカット
ガイドを使ってもよいでしょう。
◎パウンドケーキは焼いたその日
と翌日以降とでは味や食感が変
わるものもあります。そんな変化
も楽しんでみてください。

6.

竹串を中心部に刺してもなにもついてこなけれ
ば焼きあがり。型ごと高さ10cmほどから2回落
とし、オーブン用シートごと取り出して、網にの
せて冷ます。

◎竹串にゆるい生地がついてきた場合は、様子を見ながら5分
ずつ延長して焼いてください。

トッピングとコーティング

パウンドケーキの魅力をより一層高めるのがトッピングやコーティング。
おいしくなるうえに、華やかにもなります。
粉砂糖をふる以外にも、以下のようなものがあります。
レシピにはなくても、お好みで追加していただいて構いません。

アイシング

粉砂糖を水やレモン果汁で溶き混ぜたもの。完全になじんで、とろっとするまで混ぜ、生地の上部に垂らしたり、はけで塗ったりします。「ヨーグルトとドライマンゴー」 p48 ではヨーグルトを混ぜて風味をつけています。「レモンドリズルケーキ」 p68 は水分が多く、色が薄いタイプ。「ゆずのガトー・ウィークエンド」 p105 ではレモン果汁ではなくゆず果汁を使っています。

クランブル

バターに薄力粉と砂糖をまぶし、大小の粒状にしたもの。生地の上部にのせて焼くとクッキーのような食感が出ます。「メープルシロップとりんご」 p46 で使用しているほか、「コーヒーとチョコレート」 p34 ではインスタントコーヒーを混ぜてコーヒー味に、「いちごのカルダモン風味」 p66 ではカルダモンパウダーを混ぜて風味をつけています。

ジャムコーティング

ジャムを上部に塗ったもの。「ラズベリージャム」
p84 で使用していて、手軽に彩りを加えることがで
きます。ラズベリージャムは簡単なものでも手作りし
たほうがおいしくできあがります。「ドライプルーンの
紅茶煮のシナモン風味」 p91 ではアプリコットジャ
ムを全体に塗って、つやを出しています。

チョコレートコーティング

溶かしたチョコレートにオイルを
混ぜて流動性をよくし、パウンド
ケーキの上部にスプーンなどで
垂らします。本書ではホワイトチ
ョコレートを使ったものが3レシ
ピ登場します。「ピスタチオペー
ストとチェリー」 p54 のほか、「チ
ャイとホワイトチョコレートのコー
ティング」 p29 では紅茶の茶
葉を、「ライムとミントのモヒート
風」 p69 ではライムの皮を加え
て風味をつけています。

フロスティング

クリームチーズをなめらかにのばして上部に塗った
もの。牛乳やレモン果汁でのばしたり、砂糖や塩を
加えることもあります。「焼きいも」 p81 では硬めの
ものを使い、「サーモンとズッキーニのケーク・サレ」
p106 では塩とディルを加えておかず仕様に、「ア
ップルシナモンケーキ」 p108 では砂糖を加えて甘
く仕上げました。

保存法

パウンドケーキは比較的日持ちがするお菓子です。
冷蔵室に入れると生地が乾燥してしまい、
食感が悪くなるので、基本的には室温で保存します。

日持ちをよくさせるには、焼きあがりにシロップを打つとよいでしょう。グラニュー糖と水各50gを小鍋で煮立たせてグラニュー糖を溶かし、冷ましたものを、熱々の生地の上部と側面にはけで塗ります。パサつきにくくなり、1週間ほどはおいしくいただけるようになります（ただし生のフルーツを使っているものは変わりません）。シロップにはブランデーやラム酒などを5〜10g加えてもおいしいです。その場合はシロップが冷めてから加え混ぜてください。

ホールの場合、粗熱がとれたらまるごとラップで包んで、冷暗所で保存してください。消費期限の目安は4日ほどです（生のくだものを使っているものとケーク・サレは2日ほど）。冷蔵室での保存はおすすめしませんが、オイルケーキ p108 は冷蔵室で保存してもそんなにパサつきません。

薄切りにし、ラップで包んで、ジッパー付き保存用袋に入れれば、冷凍保存もできます。食べるときは常温において自然解凍してください。消費期限の目安は1か月ほどです。

この本の決まり
- 大さじ1は15㎖、小さじ1は5㎖です。
- 材料の分量は正味量です。
  くだもの、野菜、卵などは、皮や殻など、通常は不要とされる部分は取り除いてから計量し、調理してください。
- レモン、ゆず、グレープフルーツなどの柑橘類の皮を使用する場合は、
  できればポストハーベスト農薬不使用のものを使ってください。
- 電子レンジは600Wです。

1

粉を加える

粉状のものは薄力粉といっしょに合わせてふるうことで自然と生地になじませることができます。ココアパウダーで作るチョコレート生地、抹茶パウダーで作る抹茶生地はその代表格。インスタントコーヒーのように水溶性のものなら液体に溶かしてから加えたりすることもあります。

粉を加える

 ココアパウダー

- 薄力粉の10%ほどをココアパウダーに置き換えることでチョコレート味の生地になります。
- ココアパウダーのパサつきを抑えるために同量の牛乳を追加しています。
- フルーツとの相性がよく、バナナやベリー類、柑橘類と合わせるのがおすすめ。p20〜23

 抹茶パウダー

- 薄力粉の5%強を抹茶パウダーに置き換えることで抹茶味の生地になります。
- 抹茶パウダーのパサつきを抑えるために牛乳を追加しています。
- 意外にもホワイトチョコレートと好相性。ベリー類などともよく合います。p24〜27

抹茶

チョコレート

材料

バター（食塩不使用）... 105g ▶常温に戻してやわらかくする
グラニュー糖 ... 100g
全卵 ... 100g（2個分）▶フォークでほぐし混ぜ、
　70℃ほどの湯せんにかけて40℃ほどに温めておく
粉類｜薄力粉 ... 95g
　　｜ココアパウダー ... 10g
　　｜ベーキングパウダー ... 1g
　　▶合わせる
牛乳 ... 10g

下準備 **作り方**

1. 「基本のパウンドケーキ」p12 と同様にする。
　ただし4の★★で牛乳を加える。

材料

バター（食塩不使用）... 105g ▶常温に戻してやわらかくする
グラニュー糖 ... 100g
全卵 ... 100g（2個分）▶フォークでほぐし混ぜ、
　70℃ほどの湯せんにかけて40℃ほどに温めておく
粉類｜薄力粉 ... 100g
　　｜抹茶パウダー ... 7g
　　｜ベーキングパウダー ... 1g
　　▶合わせる
牛乳 ... 10g

下準備 **作り方**

1. 「基本のパウンドケーキ」p12 と同様にする。
　ただし4の★★で牛乳を加える。

茶葉

- 薄力粉の約5%を紅茶などの茶葉に置き換えることでお茶の風味漂う生地になります。
- 紅茶の茶葉のパサつきを抑えるために牛乳を追加しています。
- ドライフルーツなどと相性がよく、スパイスを加えればチャイ風になります。ほうじ茶の茶葉などでも作れます。p28〜33

 ## インスタントコーヒー

- 牛乳で溶いたインスタントコーヒーを追加することでコーヒー味の生地になります。
- チョコレートなどとよく合います。p34,35

アールグレイ

コーヒー

材料

バター（食塩不使用）... 105g ▶常温に戻してやわらかくする
グラニュー糖 ... 100g
全卵 ... 100g（2個分）▶フォークでほぐし混ぜ、
　70℃ほどの湯せんにかけて40℃ほどに温めておく
粉類 ｜薄力粉 ... 100g
　　　｜ベーキングパウダー ... 1g
　　　▶合わせる
紅茶の茶葉（アールグレイ）... 4g（ティーバッグ2袋分）
　　　▶茶葉が大きい場合はビニール袋に入れて
めん棒でたたき、細かくする
牛乳 ... 10g

下準備 作り方

1. 「基本のパウンドケーキ」 p12 と同様にする。
　ただし4の★のあとに紅茶の茶葉を加え、★★
　で牛乳を加える。

材料

バター（食塩不使用）... 105g ▶常温に戻してやわらかくする
グラニュー糖 ... 100g
全卵 ... 100g（2個分）▶フォークでほぐし混ぜ、
　70℃ほどの湯せんにかけて40℃ほどに温めておく
粉類 ｜薄力粉 ... 105g
　　　｜ベーキングパウダー ... 1g
　　　▶合わせる
コーヒー牛乳
　｜牛乳 ... 15g
　｜インスタントコーヒー ... 5g
　▶耐熱性のボウルに牛乳を入れ、電子レンジで20秒ほど
　加熱し、インスタントコーヒーを加えて溶かし混ぜ、冷ましておく

下準備 作り方

1. 「基本のパウンドケーキ」 p12 と同様にする。
　ただし4の★★でコーヒー牛乳を加える。

チョコレートのマーブル

断面が美しく仕上がり、味にはめりはりがつく
マーブル模様のパウンドケーキ。
まるで売りもののようなビジュアルですが、
意外と簡単に作れます。

チョコバナナ

バナナを合わせるときは潰したものを
生地に混ぜ込む作り方がポピュラーですが、
ほぼまるのまま生地に入れるほうが楽ですし、
バナナの食感がアクセントになります。

材料 **下準備**

バター（食塩不使用）... 105g ▶常温に戻してやわらかくする

グラニュー糖 ... 100g

全卵 ... 100g（2個分）

　▶フォークでほぐし混ぜ、70℃ほどの湯せんにかけて40℃ほどに温めておく

粉類｜薄力粉 ... 100g
　　｜ベーキングパウダー ... 1g

　▶合わせる

牛乳 ... 10g

ココアパウダー ... 5g

▶型にオーブン用シートを敷く

▶オーブンは天板ごと180℃に予熱する

作り方

1. ボウルにバターを入れ、ハンドミキサーの高速でなめらかになるまで1分ほど混ぜる。

2. グラニュー糖を加え、ふわっとして白っぽくなるまで2〜3分混ぜる。

3. 卵を5回ほどに分けて加え、そのつどつやが出て筋が見えるようになるまで30秒〜1分混ぜる。

4. 粉類をふるいながら加え、片手でボウルを手前に回しながら、ゴムべらで底から大きくすくい返すようにして20回ほど混ぜる。ボウルの側面の生地を落とし、さらに10回ほど混ぜる。粉けがなくなればOK。

5. 4の⅓量ほど（約130g）を別のボウルに移し@、牛乳を加え、ココアパウダーをふるい入れ⑥、完全になじむまで30回ほど混ぜる©。

6. 5を4のボウルの生地の上にのせ⑥、3回ほど大きく混ぜてマーブル状にする⑥。

7. 型にスプーンで6を少しずつ落としながら入れ（なるべくいじらない）、ゆすってならす①。予熱完了後に170℃に下げたオーブンで40〜45分焼く。10分ほどたち、生地の表面に膜ができたら、水で濡らしたナイフで中央に切り込みを入れる。

8. 竹串を中心部に刺してもなにもついてこなければ焼きあがり。型ごと高さ10cmほどから2回落とし、オーブン用シートごと取り出して、網にのせて冷ます。

◎6から7にかけては、生地を混ぜすぎず、なるべく動かさないようにしてください。「まだ足りないかな?」くらいで止めておくのがコツです。

チョコレートのマーブル

a　b　c
d　e　f

note
《 マーブル生地の作り方 》
断面が美しいマーブル模様の生地は、生地の一部にパウダーなどで色づけし、元の生地と混ぜ合わせることで作れます。このときに混ぜすぎないのがきれいな模様を出すポイント。ココアパウダーのほか、抹茶パウダー p25 やジャム p85 でも作れます。

材料 **下準備**

バター (食塩不使用) ... 95g ▶常温に戻してやわらかくする

グラニュー糖 ... 90g

全卵 ... 90g (2個分弱)

　▶フォークでほぐし混ぜ、70℃ほどの湯せんにかけて40℃ほどに温めておく

粉類 薄力粉 ... 95g
ココアパウダー ... 10g
ベーキングパウダー ... 1g

　▶合わせる

牛乳 ... 10g

バナナ ... 2本(正味200g) ▶皮をむき、縦半分に切る

▶型にオーブン用シートを敷く

▶オーブンは天板ごと180℃に予熱する

作り方

1. ボウルにバターを入れ、ハンドミキサーの高速でなめらかになるまで1分ほど混ぜる。

2. グラニュー糖を加え、ふわっとして白っぽくなるまで2〜3分混ぜる。

3. 卵を5回ほどに分けて加え、そのつどつやが出て筋が見えるようになるまで30秒〜1分混ぜる。

4. 粉類をふるいながら加え、片手でボウルを手前に回しながら、ゴムべらで底から大きくすくい返すようにして20回ほど混ぜる。ボウルの側面の生地を落とし、牛乳を加え、さらに10回ほど混ぜる。粉けがなくなればOK。

5. 型に4の1/3量ほど→バナナ1切れⓐ→4の1/3量ほど→バナナ2切れⓑ→残りの4ⓒ→残りのバナナⓓの順に入れる。予熱完了後に170℃に下げたオーブンで40〜45分焼く。

6. 竹串を中心部に刺してもなにもついてこなければ焼きあがり。型ごと高さ10cmほどから2回落とし、オーブン用シートごと取り出して、網にのせて冷ます。

◎バナナが大きすぎるときは適宜切ってください。

◎バナナを置くときは型とのあいだに1cmほどの空きを作ります。型に近すぎると側面からバナナがはみ出してしまう可能性があります。

◎バナナが入るので生地の総量は10%ほど減らします。ただしバナナは沈みやすいので、粉類の分量は減らさずに、しっかりとした生地にしています。

---

note
《 くだものなどの固形物を加える場合 》
大きめのくだものなどが入る場合は、100gにつき生地の分量を10%ほど減らします。ただし粉類は元のままにして、生地をやや硬めにしておき、フルーツなどが沈まないようにします。

チョコバナナ

抹茶とホワイトチョコレートのガナッシュ

抹茶生地の上にホワイトチョコレートで
作ったガナッシュをのせます。
今や世界中で人気の食材である抹茶は、
ホワイトチョコレートとの相性も抜群です。

抹茶とラズベリーのマーブル

優しい風味の生地の中で、
甘酸っぱいラズベリーが、
ほどよいアクセントとなってくれます。
彩りも美しいケーキです。

抹茶とホワイトチョコレートのガナッシュ

材料 | **下準備**

バター（食塩不使用）... 105g ▶常温に戻してやわらかくする

グラニュー糖 ... 100g

全卵 ... 100g（2個分）
　▶フォークでほぐし混ぜ、70℃ほどの湯せんにかけて40℃ほどに温めておく

粉類
薄力粉 ... 100g
抹茶パウダー ... 7g
ベーキングパウダー ... 1g
　▶合わせる

牛乳 ... 10g

ホワイトチョコレートのガナッシュ
ホワイトチョコレート ... 100g
生クリーム ... 40g
くるみ（ロースト済み）... 20g ▶粗く刻む

▶型にオーブン用シートを敷く
▶オーブンは天板ごと180℃に予熱する

作り方

1. ボウルにバターを入れ、ハンドミキサーの高速でなめらかになるまで1分ほど混ぜる。

2. グラニュー糖を加え、ふわっとして白っぽくなるまで2〜3分混ぜる。

3. 卵を5回ほどに分けて加え、そのつどつやが出て筋が見えるようになるまで30秒〜1分混ぜる。

4. 粉類をふるいながら加え、片手でボウルを手前に回しながら、ゴムべらで底から大きくすくい返すようにして20回ほど混ぜる。ボウルの側面の生地を落とし、牛乳を加え、さらに10回ほど混ぜる。粉けがなくなればOK。

5. 型に4を入れ、予熱完了後に170℃に下げたオーブンで40〜45分焼く。10分ほどがたち、生地の表面に膜ができたら、水で濡らしたナイフで中央に切り込みを入れる。

6. 竹串を中心部に刺してもなにもついてこなければ焼きあがり。型ごと高さ10cmほどから2回落とし、オーブン用シートごと取り出して、網にのせて冷ます。

7. ホワイトチョコレートのガナッシュを作る。耐熱性のボウルにホワイトチョコレートを入れ、電子レンジで40秒ほど加熱し、小さなゴムべらで混ぜる⒜。これをあと2回ほどくり返し、完全に溶かす。

8. 別の耐熱性のボウルに生クリームを入れ、電子レンジで40秒ほど加熱し、7のボウルに加える。円を描くようにすり混ぜ、完全になじんだら、冷蔵室でとろみがつくまで30分ほど冷やす⒝。

9. くるみを加えてざっと混ぜ⒞、再び冷蔵室で冷やし、硬めのクリーム状にする。

10. 6が完全に冷めたらオーブン用シートをはずし、上部にゴムべらで9のホワイトチョコレートのガナッシュを塗り広げる⒟。

◎6の生地が冷める前にガナッシュを塗ると溶けてしまうので、必ずしっかり冷ますこと。
◎ガナッシュの冷やしすぎにも注意。硬くなりすぎてしまいます。

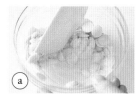

材料 **下準備**

バター（食塩不使用）… 105g ▶常温に戻してやわらかくする

グラニュー糖 … 100g

全卵 … 100g（2個分）

　　　▶フォークでほぐし混ぜ、70℃ほどの湯せんにかけて40℃ほどに温めておく

粉
類 ｜ 薄力粉 … 110g
　　｜ ベーキングパウダー … 1g

　　　▶合わせる

抹茶パウダー … 5g

牛乳 … 10g

ラズベリー（冷凍）… 50g ▶ほぐして冷凍室に入れておく ⓐ

▶型にオーブン用シートを敷く

▶オーブンは天板ごと180℃に予熱する

作り方

1. ボウルにバターを入れ、ハンドミキサーの高速でなめらかになるまで1分ほど混ぜる。

2. グラニュー糖を加え、ふわっとして白っぽくなるまで2〜3分混ぜる。

3. 卵を5回ほどに分けて加え、そのつどつやが出て筋が見えるようになるまで30秒〜1分混ぜる。

4. 粉類をふるいながら加え、片手でボウルを手前に回しながら、ゴムべらで底から大きくすくい返すようにして20回ほど混ぜる。ボウルの側面の生地を落とし、さらに10回ほど混ぜる。粉けがなくなればOK。

5. 4の1/3量ほど（約130g）を別のボウルに移し、抹茶パウダーをふるい入れ、牛乳も加えて、完全になじむまで30回ほど混ぜる。

6. 5を4のボウルの生地の上にのせ、3回ほど大きく混ぜてマーブル状にする。

7. 型に6の1/3量ほど→ラズベリーの1/2量ほど→6の1/3量ほど→残りのラズベリー→残りの6の順に入れる（6を入れるときはスプーンで静かに少しずつ落としながら入れる）。予熱完了後に170℃に下げたオーブンで40〜45分焼く。10分ほどがたち、生地の表面に膜ができたら、水で濡らしたナイフで中央に切り込みを入れる。

8. 竹串を中心部に刺してもなにもついてこなければ焼きあがり。型ごと高さ10cmほどから2回落とし、オーブン用シートごと取り出して、網にのせて冷ます。

◎ラズベリーが沈まないよう、粉類を10%ほど多くし、しっかりとした生地にしています。

抹茶とラズベリーの
マーブル

ⓐ

note
《 冷凍フルーツの使い方 》
ラズベリーやブルーベリーなどの冷凍ものは、凍ったままの状態で生地に加えます。加熱するうちにやや水分が出るので、生地全体の水分量に気をつけてください。先に解凍すると、水分が出て、形も悪くなってしまいます。

アールグレイといちじく

いちじくのぜいたくな甘みが、
華やかな紅茶の風味の中に広がります。
生地の茶葉はジャスミンティーなどでも
おいしく作れます。

チャイと
ホワイトチョコレートの
コーティング

ミルクティーとスパイスで作る、
チャイのような香りが漂うケーキです。
相性のよいホワイトチョコレートのコーティングの中にも、
紅茶の茶葉を入れました。

アールグレイといちじく

いちじくの紅茶煮
- 水 ... 150g
- 紅茶のティーバッグ(アールグレイ) ... 1袋(2g)
- グラニュー糖 ... 75g
- ドライいちじく ... 80g

バター(食塩不使用) ... 95g　▶常温に戻してやわらかくする

グラニュー糖 ... 90g

全卵 ... 90g(2個分弱)
　▶フォークでほぐし混ぜ、70℃ほどの湯せんにかけて40℃ほどに温めておく

粉類
- 薄力粉 ... 80g
- アーモンドパウダー ... 20g
- ベーキングパウダー ... 1g
　▶合わせる

紅茶の茶葉(アールグレイ) ... 4g(ティーバッグ2袋分)
　▶茶葉が大きい場合はビニール袋に入れてめん棒でたたき、細かくする

牛乳 ... 10g

▶型にオーブン用シートを敷く
▶オーブンは天板ごと180℃に予熱する

作り方

1. いちじくの紅茶煮を作る。小鍋に水と紅茶のティーバッグを入れて中火で熱し、煮立ったら火を止め、ふたをして3分ほど蒸らす。

2. ティーバッグを取り出し、グラニュー糖とドライいちじくを加える。中火で熱し、煮立ったらさらに10分ほど煮る。火を止め、そのまま冷ます。

3. 完全に冷めたら、ペーパータオルでいちじくの汁けをしっかり拭き取り、4等分に切る@。

4. 生地を作る。ボウルにバターを入れ、ハンドミキサーの高速でなめらかになるまで1分ほど混ぜる。

5. グラニュー糖を加え、ふわっとして白っぽくなるまで2〜3分混ぜる。

6. 卵を5回ほどに分けて加え、そのつどつやが出て筋が見えるようになるまで30秒〜1分混ぜる。

7. 粉類をふるいながら加え、紅茶の茶葉も加えて、片手でボウルを手前に回しながら、ゴムべらで底から大きくすくい返すようにして20回ほど混ぜる。ボウルの側面の生地を落とし、牛乳といちじくの紅茶煮を加え、さらに10回ほど混ぜる。粉けがなくなればOK。

8. 型に7を入れ、予熱完了後に170℃に下げたオーブンで40〜45分焼く。10分ほどがたち、生地の表面に膜ができたら、水で濡らしたナイフで中央に切り込みを入れる。

9. 竹串を中心部に刺してもなにもついてこなければ焼きあがり。型ごと高さ10cmほどから2回落とし、オーブン用シートごと取り出して、網にのせて冷ます。

◎ドライいちじくが入るので生地の総量は10%ほど減らします。ただしドライいちじくは沈みやすいので、粉類の分量は減らさずに、しっかりとした生地にしています。
◎いちじくの水分はしっかり取ってから生地に加えてください。
◎生地が分離した状態でいちじくを加えると沈んでしまいます。基本の作り方に忠実に、効率よく混ぜてください。

note
《 紅茶の茶葉について 》
お菓子の生地に混ぜ込むのならティーバッグの茶葉が最適。缶などで売っている普通の紅茶の茶葉よりも細かく、そのまま使えるからです。普通の紅茶の茶葉を使う場合は、ビニール袋に入れたり、ラップで包んだりしたものを、めん棒などでたたいて、細かくしてから使いましょう。

@

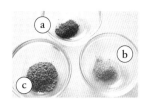

チャイとホワイトチョコレートのコーティング

材料　下準備

バター（食塩不使用）... 105g ▶常温に戻してやわらかくする

きび砂糖 ... 85g

はちみつ ... 15g

全卵 ... 100g（2個分）
　▶フォークでほぐし混ぜ、70℃ほどの湯せんにかけて40℃ほどに温めておく

粉類｜薄力粉 ... 100g　クローブパウダー ... 1g ⓐ
　　｜カルダモンパウダー ... 1g ⓑ　シナモンパウダー ... 2g ⓒ
　　｜ベーキングパウダー ... 1g
　▶合わせる

紅茶の茶葉（アッサム）... 4g（ティーバッグ2袋分）
　▶茶葉が大きい場合はビニール袋に入れてめん棒でたたき、細かくする

黒いりごま ... 10g

ミルクティー
　｜熱湯 ... 30g
　｜紅茶の茶葉（アッサム）... 4g（ティーバッグ2袋分）
　｜牛乳 ... 15g
　▶耐熱性のボウルに熱湯と紅茶の茶葉を入れ、ラップをして3分ほど蒸らし、こして15gを取り分けて牛乳と混ぜ、冷ましておく

ホワイトチョコレートコーティング
　｜ホワイトチョコレート ... 50g
　｜サラダ油 ... 小さじ1（5g）
　｜紅茶の茶葉（アッサム）... 1g（ティーバッグ½袋分）

▶型にオーブン用シートを敷く
▶オーブンは天板ごと180℃に予熱する

作り方

1. ボウルにバターを入れ、ハンドミキサーの高速でなめらかになるまで1分ほど混ぜる。
2. きび砂糖とはちみつを加え、ふわっとして白っぽくなるまで2〜3分混ぜる。
3. 卵を5回ほどに分けて加え、そのつどつやが出て筋が見えるようになるまで30秒〜1分混ぜる。
4. 粉類をふるいながら加え、紅茶の茶葉と黒いりごまも加えて、片手でボウルを手前に回しながら、ゴムべらで底から大きくすくい返すようにして20回ほど混ぜる。ボウルの側面の生地を落とし、ミルクティー30gを加え、さらに20回ほど混ぜる。粉けがなくなればOK。
5. 型に4を入れ、予熱完了後に170℃に下げたオーブンで40〜45分焼く。10分ほどがたち、生地の表面に膜ができたら、水で濡らしたナイフで中央に切り込みを入れる。
6. 竹串を中心部に刺してもなにもついてこなければ焼きあがり。型ごと高さ10cmほどから2回落とし、オーブン用シートごと取り出して、網にのせて冷ます。
7. ホワイトチョコレートコーティングを作る。耐熱性のボウルにホワイトチョコレートを入れ、電子レンジで40秒ほど加熱し、小さなゴムべらで混ぜる。これをあと2回ほどくり返し、完全に溶かす。
8. サラダ油と紅茶の茶葉を加えてざっと混ぜ、とろみがつくまでそのままおいて冷ます。
9. 6が完全に冷めたらオーブン用シートをはずし、上部にスプーンで8を線状に垂らす。

◎スパイスにはきび砂糖やはちみつなどの濃厚な甘みがよく合います。なければグラニュー糖100gで代用しても構いません。
◎4でミルクティーを加えたあと、水分が多いので基本より多めに混ぜます。
◎6の生地が冷める前にホワイトチョコレートコーティングをかけると溶けてしまうので、必ずしっかり冷ますこと。

材料 下準備

バター（食塩不使用）... 95g ▶常温に戻してやわらかくする

グラニュー糖 ... 80g

全卵 ... 90g（2個分弱）

　▶フォークでほぐし混ぜ、70℃ほどの湯せんにかけて40℃ほどに温めておく

粉類 | 薄力粉 ... 100g
　　 | ベーキングパウダー ... 1g

　▶合わせる

ほうじ茶の茶葉 ... 4g（ティーバッグ2袋分）

　▶茶葉が大きい場合はビニール袋に入れてめん棒でたたき、細かくする

甘納豆（大納言）... 100g ▶薄力粉小さじ1をまぶす ⓐ

牛乳 ... 10g

粉砂糖（トッピング用）... 適量

▶型にオーブン用シートを敷く
▶オーブンは天板ごと180℃に予熱する

作り方

1. ボウルにバターを入れ、ハンドミキサーの高速でなめらかになるまで1分ほど混ぜる。

2. グラニュー糖を加え、ふわっとして白っぽくなるまで2〜3分混ぜる。

3. 卵を5回ほどに分けて加え、そのつどつやが出て筋が見えるようになるまで30秒〜1分混ぜる。

4. 粉類をふるいながら加え、ほうじ茶の茶葉も加えて、片手でボウルを手前に回しながら、ゴムべらで底から大きくすくい返すようにして20回ほど混ぜる。ボウルの側面の生地を落とし、甘納豆と牛乳を加え、さらに10回ほど混ぜる。粉けがなくなればOK。

5. 型に4を入れ、予熱完了後に170℃に下げたオーブンで40〜45分焼く。10分ほどがたち、生地の表面に膜ができたら、水で濡らしたナイフで中央に切り込みを入れる。

6. 竹串を中心部に刺してもなにもついてこなければ焼きあがり。型ごと高さ10cmほどから2回落とし、オーブン用シートごと取り出して、網にのせて冷ます。

7. 6が完全に冷めたらオーブン用シートをはずし、上部に茶こしで粉砂糖をふるいかける。

◎甘納豆が入るので生地の総量は10%ほど減らします。ただし甘納豆は沈みやすいので、粉類の分量は減らさずに、しっかりとした生地にしています。砂糖は甘納豆にも甘みがあるので少し減らしています。

◎甘納豆はうぐいす豆や金時豆など、好みのものでも構いません。

◎甘納豆に薄力粉をまぶすのは生地の中で沈まないようにするためです。このテクニックはほかの固形物にも応用できます。

note
《 粉砂糖について 》
グラニュー糖をさらに細かくしたのが粉砂糖です。アイシング作りなどに利用しますが、トッピング用に特化したものもあり、「なかない粉砂糖」「溶けない粉砂糖」などの名称で売られています。溶けにくく、白がしっかり出るのが特長です。

ほうじ茶と甘納豆で作る
和風のケーキ。
雪のような粉砂糖をふるって、
白くきれいに仕上げます。

ほうじ茶と大納言

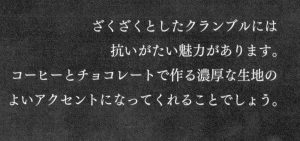

ざくざくとしたクランブルには
抗いがたい魅力があります。
コーヒーとチョコレートで作る濃厚な生地の
よいアクセントになってくれることでしょう。

コーヒーとチョコレート

材料 **下準備**

バター（食塩不使用）... 105g ▶常温に戻してやわらかくする

きび砂糖 ... 80g

全卵 ... 100g（2個分）
▶フォークでほぐし混ぜ、70℃ほどの湯せんにかけて40℃ほどに温めておく

粉類
薄力粉 ... 100g
アーモンドパウダー ... 15g
ベーキングパウダー ... 1g
▶合わせる

チョコレート（スイート）... 50g ▶細かく砕く

コーヒー牛乳
牛乳 ... 15g
インスタントコーヒー ... 5g
▶耐熱性のボウルに牛乳を入れ、電子レンジで20秒ほど加熱し、
インスタントコーヒーを加えて溶かし混ぜ⒜、冷ましておく

コーヒークランブル
薄力粉 ... 30g
きび砂糖 ... 15g
インスタントコーヒー ... 2g
バター（食塩不使用）... 15g ▶1cm角に切り、冷凍室に入れておく
▶ボウルに薄力粉ときび砂糖を合わせてふるい入れ、インスタントコーヒーとバターも加え、
指先でバターを潰すようにしながらすり混ぜ⒝。全体がなじんでそぼろ状になったら、
軽く握って1cmほどのかたまりにし⒞⒟、冷凍室に入れておく

▶型にオーブン用シートを敷く
▶オーブンは天板ごと180℃に予熱する

作り方

1. ボウルにバターを入れ、ハンドミキサーの高速でなめらかになるまで1分ほど混ぜる。

2. きび砂糖を加え、ふわっとして白っぽくなるまで2〜3分混ぜる。

3. 卵を5回ほどに分けて加え、そのつどつやが出て筋が見えるようになるまで30秒〜1分混ぜる。

4. 粉類をふるいながら加え、片手でボウルを手前に回しながら、ゴムべらで底から大きくすくい返すようにして20回ほど混ぜる。ボウルの側面の生地を落とし、チョコレートとコーヒー牛乳を加え、さらに10回ほど混ぜる。粉けがなくなればOK。

5. 型に4を入れ、表面にコーヒークランブルを散らし⒠、予熱完了後に170℃に下げたオーブンで40〜45分焼く。

6. 竹串を中心部に刺してもなにもついてこなければ焼きあがり。型ごと高さ10cmほどから2回落とし、オーブン用シートごと取り出して、網にのせて冷ます。

◎チョコレートにも甘みがあるので砂糖は少し減らしています。
◎コーヒーとチョコレートにはこくのあるきび砂糖がよく合います。
◎アーモンドパウダーを加えると生地がややしっとりします。

1

粉を加える

この章のポイント

「粉を加える」ときの注意点

● 基本的には薄力粉、ベーキングパウダーといっしょに、粉ふるいでふるいます。あらかじめ混ぜておくと偏りません。

● 抹茶パウダーやココアパウダーなどを加えると生地がパサつきやすくなる印象があったので、牛乳を少し加えています。ほかの粉類を加えた際にもパサつく可能性があるので、そんなときは牛乳を★★(食材追加ポイント❷)p12 のタイミングで10gほど加えるとよいでしょう。

● 粉類を生地に加えたあとは混ぜすぎないようにしましょう。レシピにある回数、状態の目安をよく読んでください。

オリジナルレシピを作るヒント

● 烏龍茶やジャスミンティーの茶葉などでも作れます。それぞれ、ドライフルーツや生のくだものとの相性もよさそうなので、さまざまなレシピや市販のお菓子を参考に、組み合わせを考えてみてください。茶葉は、紅茶などと同様に、大きい場合はめん棒でたたくなどして細かくしてください。

● シナモンパウダーなどのスパイス系もよく合うでしょう。好みのスパイス、相性のよさそうなスパイスを考えてみてください。

● 製菓材料店にはいちごパウダーなどもありますが、色はそんなにきれいには出ないかもしれません。

● p18,19 で紹介しているものに、なにか追加するのであれば、ドライフルーツや生のくだものがおすすめです。

● 本書にはさまざまなトッピングやコーティングが登場します p14 。合いそうなものを自分で追加してみるのもおもしろいでしょう。

たとえば……

● 「抹茶とホワイトチョコレートのガナッシュ」 p24 にもあるとおり、抹茶とホワイトチョコレートの相性は抜群。ここではトッピングとしてホワイトチョコレートのガナッシュをのせていますが、ホワイトチョコレートを刻んで生地の中に混ぜ込んでもおいしいです。「コーヒーとチョコレート」 p34 と同じ要領で作れます。

● 烏龍茶の風味の生地に、黄桃を薄切りにしたものもおいしいと思います。桃は水分量が多いので沈みやすいのですが、薄切りにすれば大丈夫。「キャラメルと洋梨」 p42 の洋梨と同じように並べてみてください。

2

ペーストや液体を
加える

やや粘度のあるペーストや、液体を加え
て、さまざまな味を展開することもできま
す。より濃厚で、風味の強い仕上がりにな
ります。はちみつやメープルシロップな
どはほかの砂糖類といっしょに加えますが、
それ以外の食材はまちまちなので、個別
のレシピを参照してください。

ペーストや液体を加える

 キャラメル

- 砂糖と生クリームで作るキャラメルには糖分と油分が含まれているため、生地のグラニュー糖とバターは少し減らします。
- フルーツやナッツなど、さまざまな食材と相性がよく、汎用性が高いフレーバーです。別の章で紹介している「くるみとキャラメルのマーブル」p96もぜひ。本章では洋梨と合わせています。p42,43

キャラメル

材料

キャラメル

　　グラニュー糖 ... 50g
　　塩 ... 1g
　　水 ... 大さじ1
　　生クリーム ... 60g ▶耐熱性のボウルに入れ、
　　　電子レンジで20秒ほど加熱する

バター（食塩不使用）... 100g
　　▶常温に戻してやわらかくする

グラニュー糖 ... 80g

全卵 ... 100g（2個分）▶フォークでほぐし混ぜ、
　　70℃ほどの湯せんにかけて40℃ほどに温めておく

粉類　薄力粉 ... 105g
　　　ベーキングパウダー ... 1g
　　▶合わせる

◎1で生クリームは温かい状態で加えないとはねてしまいます。冷めていたら再度レンチンしてください。

下準備　作り方

1. キャラメルを作る。小鍋にグラニュー糖、塩、水を入れ、あまり動かさずに中火で熱する。グラニュー糖の半分ほどが溶けたら、鍋を回してまんべんなく加熱し、完全に溶かす@。濃いキャラメル色になったら火を止め、生クリームを2回に分けて加え、そのつどゴムべらでよく混ぜる。再度中火にかけて30秒ほど煮詰め、少しとろみがついたら⑥、耐熱性の容器に移し、そのまま冷まして40℃ほどにして、80gを使う（足りなくてもOK）。

2. 「基本のパウンドケーキ」p12と同様にする。ただし「基本のパウンドケーキ」の2でグラニュー糖といっしょにキャラメルを加える。

はちみつ

- はちみつでしっとりした生地に仕上がります。
- 質のよいはちみつを使うと、風味がより濃厚に感じられます。アカシアなどがおすすめ。
- 卵を加えるときに分離しやすいので、しっかり混ぜてください。分離してしまったら、粉類の¼量ほどを先にふるい入れ、混ぜてまとめてください。
- さっぱりした食材によく合います。p44,45

 メープルシロップ

- メープルシロップはアンバー(リッチテイスト)がおすすめ。風味をしっかり感じることができます。
- 液体が多く、分離しやすいので、粉を入れるまではしっかり混ぜてください。分離してしまったら、粉類の¼量ほどを先にふるい入れ、混ぜてまとめてください。
- 甘酸っぱいくだものなどが合います。p46,47

はちみつ　　　　　　メープルシロップ

材料

バター (食塩不使用) ... 105g ▶常温に戻してやわらかくする
きび砂糖 ... 50g
はちみつ ... 50g
全卵 ... 100g (2個分) ▶フォークでほぐし混ぜ、70℃ほどの湯せんにかけて40℃ほどに温めておく
粉類 | 薄力粉 ... 105g
　　 | ベーキングパウダー ... 1g
▶合わせる

下準備 **作り方**
1. 「基本のパウンドケーキ」 p12 と同様にする。ただし2でグラニュー糖の代わりにきび砂糖とはちみつを加える。

材料

バター (食塩不使用) ... 105g ▶常温に戻してやわらかくする
きび砂糖 ... 60g
メープルシロップ ... 40g
全卵 ... 100g (2個分) ▶フォークでほぐし混ぜ、70℃ほどの湯せんにかけて40℃ほどに温めておく
粉類 | 薄力粉 ... 105g
　　 | ベーキングパウダー ... 1g
▶合わせる

下準備 **作り方**
1. 「基本のパウンドケーキ」 p12 と同様にする。ただし2でグラニュー糖の代わりにきび砂糖とメープルシロップを加える。

ペーストや液体を加える

 ## ヨーグルト

- ヨーグルトを加えるとしっとり、さっぱりとした生地になります。
- ヨーグルトは水きり不要。水分が多いので、そのぶん全卵の量を少なめにし、焼き時間は少し長めになります。
- ドライフルーツなどとよく合います。 p48,49

 ## 溶かしたチョコレート

- 溶かしたチョコレートを生地に加えます。ココアパウダーで作る p18 よりも、しっとり、濃厚に仕上がります。生地に加えるときは温度に注意。バターが溶けないよう、30〜40℃程度を目安にしてください。
- 柑橘やベリーなどのくだものをはじめ、さまざまな食材と好相性。ホワイトチョコレートにもまた別のおいしさがあります。 p50〜53

ヨーグルト

濃厚チョコレート

材料

バター (食塩不使用) ... 105g ▶常温に戻してやわらかくする
グラニュー糖 ... 100g
全卵 ... 80g (1½個分強) ▶フォークでほぐし混ぜ、
　70℃ほどの湯せんにかけて40℃ほどに温めておく
粉類 ｜薄力粉 ... 105g
　　｜ベーキングパウダー ... 2g
　▶合わせる
プレーンヨーグルト (無糖) ... 50g

下準備 **作り方**

1. 「基本のパウンドケーキ」 p12 と同様にする。ただし4の★★でヨーグルトを加え、直後の混ぜる回数は15回ほどにする。5の焼成時間は45〜50分にする。

材料

バター (食塩不使用) ... 105g ▶常温に戻してやわらかくする
グラニュー糖 ... 80g
全卵 ... 100g (2個分) ▶フォークでほぐし混ぜ、
　70℃ほどの湯せんにかけて40℃ほどに温めておく
チョコレート (スイート) ... 45g ▶耐熱性のボウルに入れ、
　電子レンジで40秒ほど加熱し、小さなゴムべらで混ぜる。これを
　あと2回ほどくり返して溶かし、温度は30〜40℃にする
牛乳 ... 10g
粉類 ｜薄力粉 ... 95g
　　｜ココアパウダー ... 10g
　　｜ベーキングパウダー ... 1g
　▶合わせる

下準備 **作り方**

1. 「基本のパウンドケーキ」 p12 と同様にする。ただし3のあとに溶かしたチョコレートと牛乳を加えて混ぜる。

市販のペースト

- ピスタチオペーストやマロンペーストなど、市販のペーストを使うと手軽に本格的な風味がつけられます。
- ペーストを加えるとパサつきやすくなるので、はちみつと牛乳を加えます。また、ペーストの粘度が強く、生地がふくらみにくくなるため、ベーキングパウダーは基本の倍量入れます。

- ピスタチオペーストやマロンペーストは硬いので、先に生地の一部と混ぜて、だまをなくしてから、全体に加えます。
- この章ではピスタチオペーストのほか、マロンペーストとあんこを使ったレシピも紹介しています。p54〜59

ピスタチオ

材料

バター（食塩不使用）... 105g ▶常温に戻してやわらかくする

グラニュー糖 ... 90g

はちみつ ... 10g

全卵 ... 100g（2個分）▶フォークでほぐし混ぜ、70℃ほどの湯せんにかけて40℃ほどに温めておく

ピスタチオペースト@ ... 40g

牛乳 ... 10g

粉類 | 薄力粉 ... 105g
| ベーキングパウダー ... 2g
▶合わせる

下準備 作り方

1. 「基本のパウンドケーキ」 p12 と同様にする。ただし**2**でグラニュー糖といっしょにはちみつも加える。**3**のあとに**3**の生地ひとすくいを別のボウルに移し、ピスタチオペーストと牛乳を加え、ハンドミキサーの高速でだまがなくなるまで混ぜる⑥。**3**のボウルに戻し入れ⑥、ハンドミキサーで完全になじむまで混ぜる⑥。

 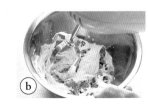  

ⓐ ⓑ ⓒ ⓓ

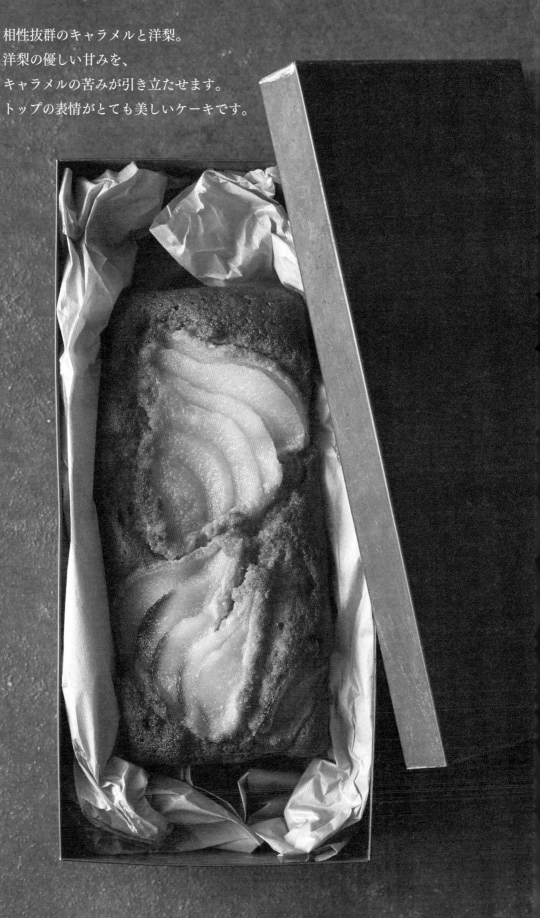

相性抜群のキャラメルと洋梨。
洋梨の優しい甘みを、
キャラメルの苦みが引き立たせます。
トップの表情がとても美しいケーキです。

キャラメルと洋梨

材料

キャラメル

| グラニュー糖 ... 40g
| 塩 ... 1g
| 水 ... 大さじ1
| 生クリーム ... 50g　▶耐熱性のボウルに入れ、電子レンジで20秒ほど加熱する

バター（食塩不使用）... 90g　▶常温に戻してやわらかくする

グラニュー糖 ... 70g

全卵 ... 90g（2個分弱）

　　▶フォークでほぐし混ぜ、70℃ほどの湯せんにかけて40℃ほどに温めておく

粉類| 薄力粉 ... 105g
| ベーキングパウダー ... 1g

　　▶合わせる

洋梨（缶詰）... 半割2切れ　▶ペーパータオルで水けを拭き取り、縦に薄切りにする

▶型にオーブン用シートを敷く
▶オーブンは天板ごと180℃に予熱する

> note
> 《 缶詰のフルーツの使い方 》
> 缶詰のくだものも生のくだものと同様に使えます。旬のときは生で、それ以外の時期は缶詰にするなど、使い分けてください。また、汁けをよくきってから使ってください。

作り方

1. キャラメルを作る。小鍋にグラニュー糖、塩、水を入れ、あまり動かさずに中火で熱する。グラニュー糖の半分ほどが溶けたら、鍋を回してまんべんなく加熱し、完全に溶かす。濃いキャラメル色になったら火を止め、生クリームを2回に分けて加え、そのつどゴムべらでよく混ぜる。再度中火にかけて30秒ほど煮詰め、少しとろみがついたら耐熱性の容器に移し、そのまま冷まして40℃ほどにして、70gを使う（足りなくてもOK）。

2. ボウルにバターを入れ、ハンドミキサーの高速でなめらかになるまで1分ほど混ぜる。

3. グラニュー糖とキャラメルを加え、ふわっとして白っぽくなるまで2〜3分混ぜる。

4. 卵を5回ほどに分けて加え、そのつどつやが出て筋が見えるようになるまで30秒〜1分混ぜる。

5. 粉類をふるいながら加え、片手でボウルを手前に回しながら、ゴムべらで底から大きくすくい返すようにして20回ほど混ぜる。ボウルの側面の生地を落とし、さらに10回ほど混ぜる。粉けがなくなればOK。

6. 型に5の½量ほど→薄切りにした洋梨の½量ほどⓐ→残りの5ⓑ→残りの薄切りにした洋梨の順に入れる（洋梨は少し重ねつつ広げて並べるときれいに仕上がる）ⓒ。予熱完了後に170℃に下げたオーブンで45〜50分焼く。

7. 竹串を中心部に刺してもなにもついてこなければ焼きあがり。型ごと高さ10cmほどから2回落とし、オーブン用シートごと取り出して、網にのせて冷ます。

◎洋梨が入るので生地の総量は10%ほど減らします。ただし洋梨は沈みやすいので、粉類の分量は減らさずに、しっかりとした生地にしています。キャラメルには砂糖と生クリームが含まれるので、生地では砂糖とバターを少し減らしています。

◎生の洋梨でもまったく同じように作れます。旬の時期はぜひ。

材料 | **下準備**

新しょうがのシロップ煮

> 新しょうが ... 150g ▶薄い輪切りにする
> きび砂糖 ... 40g
> はちみつ ... 40g
> 水 ... 大さじ2

> ▶小鍋に材料すべてを入れ、中火で沸騰直前まで熱し、
> 弱火にしてくたくたになるまで10分ほど煮 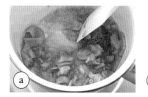、
> 火を止めてそのまま冷ます。汁けを絞り 、100gを使う

バター（食塩不使用）... 95g ▶常温に戻してやわらかくする

きび砂糖 ... 45g

はちみつ ... 45g

全卵 ... 90g（2個分弱）

> ▶フォークでほぐし混ぜ、70℃ほどの湯せんにかけて40℃ほどに温めておく

粉類 | 薄力粉 ... 105g
| ベーキングパウダー ... 1g

> ▶合わせる

▶型にオーブン用シートを敷く
▶オーブンは天板ごと180℃に予熱する

作り方

1. ボウルにバターを入れ、ハンドミキサーの高速でなめらかになるまで1分ほど混ぜる。

2. きび砂糖とはちみつを加え、ふわっとして白っぽくなるまで2〜3分混ぜる。

3. 卵を5回ほどに分けて加え、そのつどつやが出て筋が見えるようになるまで30秒〜1分混ぜる。

4. 粉類をふるいながら加え、片手でボウルを手前に回しながら、ゴムべらで底から大きくすくい返すようにして20回ほど混ぜる。ボウルの側面の生地を落とし、汁けを絞った新しょうがのシロップ煮100gを加え、さらに10回ほど混ぜる。粉けがなくなればOK。

5. 型に4を入れ、予熱完了後に170℃に下げたオーブンで40〜45分焼く。10分ほどがたち、生地の表面に膜ができたら、水で濡らしたナイフで中央に切り込みを入れる。

6. 竹串を中心部に刺してもなにもついてこなければ焼きあがり。型ごと高さ10cmほどから2回落とし、オーブン用シートごと取り出して、網にのせて冷ます。

◎残った新しょうがのシロップ煮はヨーグルトに入れたり、シロップを炭酸水で割って飲んだりするとおいしくいただけます。焼きあがったケーキにシロップを塗ってもOK。
◎シロップ煮にシナモン1枝、クローブ2粒を加えると、スパイシーな香りがつきます。
◎新しょうがが入るので生地の総量は10%ほど減らします。ただし新しょうがは沈みやすいので、粉類の分量は減らさずに、しっかりとした生地にしています。

note
《 フィリングの汁けはよくきる 》
シロップ煮など、汁けや水けのある食材は、水けをよく取ってから生地に混ぜ込みます。生地中の水分量が多くなって、生焼けになってしまう危険性があるからです。ざるにあげて軽く振るだけで済むものもありますが、新しょうがのようにペーパータオルでしっかり絞る必要があるものもあります。

44

はちみつの濃厚な甘さの中に
新しょうががぴりっと効いた
大人っぽいケーキ。
夏の体に染み入るおいしさです。

はちみつと新しょうが

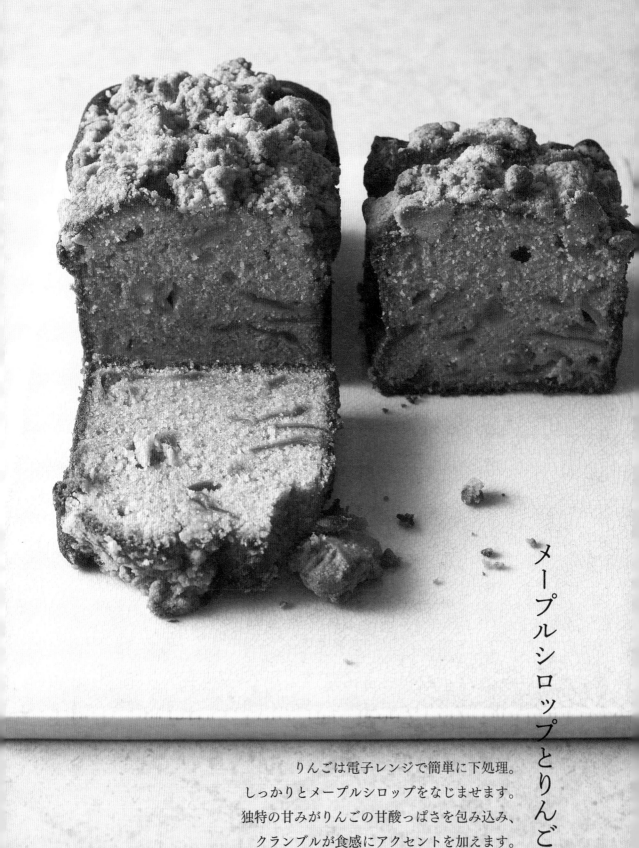

メープルシロップとりんご

りんごは電子レンジで簡単に下処理。
しっかりとメープルシロップをなじませます。
独特の甘みがりんごの甘酸っぱさを包み込み、
クランブルが食感にアクセントを加えます。

材料 **下準備**

バター（食塩不使用）... 95g ▶常温に戻してやわらかくする

きび砂糖 ... 55g

メープルシロップ ... 35g

全卵 ... 90g（2個分弱）

　▶フォークでほぐし混ぜ、70℃ほどの湯せんにかけて40℃ほどに温めておく

粉類｜薄力粉 ... 85g
｜アーモンドパウダー ... 20g
｜ベーキングパウダー ... 1g

　▶合わせる

りんごのメープル煮

｜りんご ... 1個 ▶皮と芯を除いて8等分のくし形切りにし、さらに幅5mmの薄切りにする
｜メープルシロップ ... 大さじ2

　▶耐熱性のボウルに材料すべてを入れ、ラップをして電子レンジで5分ほど加熱し、ラップを
はずしてさらに5分ほど加熱する。汁けを拭き取り、120gを使う

クランブル

｜薄力粉 ... 30g
｜きび砂糖 ... 15g
｜バター（食塩不使用）... 15g ▶1cm角に切り、冷凍室に入れておく

　▶ボウルに薄力粉ときび砂糖を合わせてふるい入れ、バターを加え、
指先でバターを潰すようにしながらすり混ぜる。全体がなじんでそぼろ状になったら、
軽く握って1cmほどのかたまりにし、冷凍室に入れておく

▶型にオーブン用シートを敷く

▶オーブンは天板ごと180℃に予熱する

作り方

1. ボウルにバターを入れ、ハンドミキサーの高速でなめらかになるまで1
分ほど混ぜる。

2. きび砂糖とメープルシロップを加え、ふわっとして白っぽくなるまで2〜
3分混ぜる。

3. 卵を5回ほどに分けて加え、そのつどつやが出て筋が見えるようになる
まで30秒〜1分混ぜる。

4. 粉類をふるいながら加え、片手でボウルを手前に回しながら、ゴムべら
で底から大きくすくい返すようにして20回ほど混ぜる。ボウルの側面
の生地を落とし、汁けを拭き取ったりんごのメープル煮120gを加え、さ
らに10回ほど混ぜる。粉けがなくなればOK。

5. 型に4を入れ、クランブルを散らし、予熱完了後に170℃に下げたオー
ブンで40〜45分焼く。

6. 竹串を中心部に刺してもなにもついてこなければ焼きあがり。型ごと高
さ10cmほどから2回落とし、オーブン用シートごと取り出して、網にのせ
て冷ます。

◎りんごが入るので生地の総量は10%ほど減らします。ただしりんごは沈みやすいので、粉
類の分量は減らさずに、しっかりとした生地にしています。

◎粉の一部をアーモンドパウダーに置き換えてよりしっとりした生地に仕上げています。

ヨーグルトとドライマンゴー

ドライマンゴーはヨーグルトにひと晩漬けて
やわらかくしておきましょう。
ヨーグルト風味のアイシングが
さわやかに仕上げてくれます。

48

材料 **下準備**

バター（食塩不使用）... 95g ▶常温に戻してやわらかくする

グラニュー糖 ... 90g

全卵 ... 70g（1½個分弱）

　▶フォークでほぐし混ぜ、70℃ほどの湯せんにかけて40℃ほどに温めておく

粉類 | 薄力粉 ... 105g
　　| ベーキングパウダー ... 2g

　▶合わせる

A | プレーンヨーグルト（無糖）... 70g
　| ドライマンゴー ... 70g ▶幅1.5cmに切る

　▶混ぜ合わせて冷蔵室にひと晩おく ⓐ

ヨーグルトアイシング

　| 粉砂糖 ... 80g
　| プレーンヨーグルト（無糖）... 15g

　▶ボウルに粉砂糖をふるい入れ、プレーンヨーグルトを加え、
　ゴムべらでつやが出るまで混ぜる

▶型にオーブン用シートを敷く

▶オーブンは天板ごと180℃に予熱する

作り方

1. ボウルにバターを入れ、ハンドミキサーの高速でなめらかになるまで1分ほど混ぜる。

2. グラニュー糖を加え、ふわっとして白っぽくなるまで2〜3分混ぜる。

3. 卵を5回ほどに分けて加え、そのつどつやが出て筋が見えるようになるまで30秒〜1分混ぜる。

4. 粉類をふるいながら加え、片手でボウルを手前に回しながら、ゴムべらで底から大きくすくい返すようにして20回ほど混ぜる。ボウルの側面の生地を落とし、**A**を加え、さらに15回ほど混ぜる。粉けがなくなればOK。

5. 型に**4**を入れ、予熱完了後に170℃に下げたオーブンで45〜50分焼く。10分ほどがたち、生地の表面に膜ができたら、水で濡らしたナイフで中央に切り込みを入れる。

6. 竹串を中心部に刺してもなにもついてこなければ焼きあがり。型ごと高さ10cmほどから2回落とし、オーブン用シートごと取り出して、網にのせて冷ます。

7. **6**が完全に冷めたらオーブン用シートをはずし、上部にスプーンでヨーグルトアイシングを線状に垂らす ⓑ。

◎ドライマンゴーが入るので生地の総量は10％ほど減らします。ただしドライマンゴーは沈みやすいので、粉類の分量は減らさずに、しっかりとした生地にしています。また、ヨーグルトが入って重くなるので、ベーキングパウダーは通常の2倍にしています。

◎ヨーグルトが入るぶんだけ全卵を減らしています。この生地は軽いので、重い固形物は沈んでしまいます。加えるなら、軽いものや小さく切ったものがよいでしょう。

ⓐ

ⓑ

オレンジの皮はすりおろして生地に混ぜ込むと、
ケーキ全体からとてもよい香りが漂います。
あらかじめ砂糖と混ぜてから加えましょう。
チョコの苦みの中で、オレンジのさわやかさが際立ちます。

チョコレートとオレンジ

ホワイトチョコレートとドライフルーツのシュトレン風

シュトレンを意識した、
クリスマスにぴったりのケーキです。
ホワイトチョコレートのやわらかな甘さの中で、
ドライフルーツが存在感を発揮します。

チョコレートとオレンジ

材料 **下準備**

▶バター（食塩不使用）... 95g ▶常温に戻してやわらかくする

グラニュー糖 ... 70g

全卵 ... 90g（2個分弱）

 ▶フォークでほぐし混ぜ、70℃ほどの湯せんにかけて40℃ほどに温めておく

チョコレート（スイート）... 40g

 ▶耐熱性のボウルに入れ、電子レンジで40秒ほど加熱し、小さなゴムべらで混ぜる。
 これをあと2回ほどくり返して溶かし、温度は30〜40℃にする

牛乳 ... 10g

粉類｜薄力粉 ... 95g
　　｜ココアパウダー ... 10g
　　｜ベーキングパウダー ... 1g

 ▶合わせる

オレンジ ... 1個

 ▶塩適量でよくもみ洗いする。皆はすりおろし、上記のグラニュー糖と混ぜるⓐ。
 果肉は薄皮からはずしてⓑ 1cm角に切るⓒ

▶型にオーブン用シートを敷く
▶オーブンは天板ごと180℃に予熱する

作り方

1. ボウルにバターを入れ、ハンドミキサーの高速でなめらかになるまで1分ほど混ぜる。

2. オレンジの皮のすりおろしと混ぜ合わせたグラニュー糖を加え、ふわっとして白っぽくなるまで2〜3分混ぜる。

3. 卵を5回ほどに分けて加え、そのつどつやが出て筋が見えるようになるまで30秒〜1分混ぜる。

4. 溶かしたチョコレートと牛乳を加え、完全になじむまで混ぜる。

5. 粉類をふるいながら加え、片手でボウルを手前に回しながら、ゴムべらで底から大きくすくい返すようにして20回ほど混ぜる。ボウルの側面の生地を落とし、オレンジの果肉の4/5量を加え、さらに10回ほど混ぜる。粉けがなくなればOK。

6. 型に5を入れ、残りのオレンジの果肉を散らし、予熱完了後に170℃に下げたオーブンで40〜45分焼く。10分ほどがたち、生地の表面に膜ができたら、水で濡らしたナイフで中央に切り込みを入れる。

7. 竹串を中心部に刺してもなにもついてこなければ焼きあがり。型ごと高さ10cmほどから2回落とし、オーブン用シートごと取り出して、網にのせて冷ます。

◎オレンジが入るので生地の総量は10%ほど減らします。ただしオレンジは沈みやすいので、粉類の分量は減らさずに、しっかりとした生地にしています。

note
《 柑橘の皮の使い方 》
レモンやオレンジの皮は、すりおろして生地に混ぜるととてもよい香りがします。その際、多くのレシピ本では国産のものを指定していますが、それは輸入ものには農薬や防腐剤がついている可能性があるから。輸入ものでも問題ないものもありますが、念のため、このレシピにあるように、塩でもんでよく洗うとよいでしょう。

材料 **下準備**

バター（食塩不使用）... 90g＋20g ▶常温に戻してやわらかくする

グラニュー糖 ... 60g

全卵 ... 90g（2個分弱）
　　▶フォークでほぐし混ぜ、70℃ほどの湯せんにかけて40℃ほどに温めておく

ホワイトチョコレート ... 40g
　　▶耐熱性のボウルに入れ、電子レンジで40秒ほど加熱し、小さなゴムべらで混ぜる。
　　これをあと2回ほどくり返して溶かし、温度は30～40℃にする

粉類 ┃薄力粉 ... 105g
　　　┃ベーキングパウダー ... 1g
　　▶合わせる

A ┃ドライクランベリー ... 50g
　　┃ドライいちじく ... 50g
　　▶ざるに入れて熱湯をかけ、ドライいちじくは4等分に切り、
　　合わせてキルシュ10gに30分以上漬ける

粉砂糖 ... 15g＋15g
▶型にオーブン用シートを敷く
▶オーブンは天板ごと180℃に予熱する

作り方

1. ボウルにバター90gを入れ、ハンドミキサーの高速でなめらかになるまで1分ほど混ぜる。

2. グラニュー糖を加え、ふわっとして白っぽくなるまで2～3分混ぜる。

3. 卵を5回ほどに分けて加え、そのつどつやが出て筋が見えるようになるまで30秒～1分混ぜる。

4. 溶かしたホワイトチョコレートを加え、完全になじむまで混ぜる。

5. 粉類をふるいながら加え、片手でボウルを手前に回しながら、ゴムべらで底から大きくすくい返すようにして20回ほど混ぜる。ボウルの側面の生地を落とし、汁けをきったAを加え、さらに10回ほど混ぜる。粉けがなくなればOK。

6. 型に5を入れ、予熱完了後に170℃に下げたオーブンで40～45分焼く。10分ほどがたち、生地の表面に膜ができたら、水で濡らしたナイフで中央に切り込みを入れる。

7. 竹串を中心部に刺してもなにもついてこなければ焼きあがり。型ごと高さ10cmほどから2回落とし、オーブン用シートごと取り出して網にのせ、オーブン用シートをはずす。

8. 7が熱いうちに上部と側面にはけでバター20gを塗り⒜、茶こしで粉砂糖15gをふるいかける⒝。そのまま冷まし、再度茶こしで粉砂糖15gをふるいかける。

◎ドライフルーツが入るので生地の総量は10％ほど減らします。ただしドライフルーツは沈みやすいので、粉類の分量は減らさずに、しっかりとした生地にしています。
◎チョコレートと異なり、ホワイトチョコレートは生地をしっとりさせるので、牛乳は不要です。
◎酒が苦手な場合はキルシュは抜いても構いません。

---

note
《 ホワイトチョコレートの正体 》
チョコレートとはいうものの、白いホワイトチョコレートは、チョコレートからカカオマス（チョコレートのあの黒さと苦みを生み出している大本）を抜いて作ったもの。ココアバター、乳脂肪分、砂糖から作られていて、まろやかで甘いのが特徴です。

ピスタチオペーストとチェリー

なんともぜいたくで、
よくマッチする組み合わせ。
濃厚なピスタチオの風味の中で、
チェリーの甘さが炸裂します。

マロンペーストと栗の渋皮煮

手軽に渋皮煮で作れるレシピです。
生地にはペーストで風味づけしていますので、
栗の味がケーキ全体を包み込むことでしょう。
渋皮煮は1列に並べると断面がきれいに出ます。

ピスタチオペーストと
チェリー

材料 **下準備**

バター（食塩不使用）... 95g ▶常温に戻してやわらかくする

グラニュー糖 ... 80g

はちみつ ... 10g

全卵 ... 90g（2個分弱）

　　　▶フォークでほぐし混ぜ、70℃ほどの湯せんにかけて40℃ほどに温めておく

ピスタチオペースト ... 40g

牛乳 ... 10g

粉類 │薄力粉 ... 105g
　　　│ベーキングパウダー ... 2g

　　　▶合わせる

チェリー（缶詰）... 100g ▶半分に切って汁けをきるⓐ

ホワイトチョコレートコーティング

　　│ホワイトチョコレート ... 50g
　　│サラダ油 ... 小さじ1（5g）

▶型にオーブン用シートを敷く

▶オーブンは天板ごと180℃に予熱する

作り方

1. ボウルにバターを入れ、ハンドミキサーの高速でなめらかになるまで1分ほど混ぜる。

2. グラニュー糖とはちみつを加え、ふわっとして白っぽくなるまで2〜3分混ぜる。

3. 卵を5回ほどに分けて加え、そのつどつやが出て筋が見えるようになるまで30秒〜1分混ぜる。

4. 3の生地ひとすくいを別のボウルに移し、ピスタチオペーストと牛乳を加え、だまがなくなるまで混ぜる。3のボウルに戻し入れ、完全になじむまで混ぜる。

5. 粉類をふるいながら加え、片手でボウルを手前に回しながら、ゴムべらで底から大きくすくい返すようにして20回ほど混ぜる。ボウルの側面の生地を落とし、チェリーの4/5量ほどを加え、さらに10回ほど混ぜる。粉けがなくなればOK。

6. 型に5を入れ、残りのチェリーをのせて、予熱完了後に170℃に下げたオーブンで40〜45分焼く。10分ほどがたち、生地の表面に膜ができたら、水で濡らしたナイフで中央に切り込みを入れる。

7. 竹串を中心部に刺してもなにもついてこなければ焼きあがり。型ごと高さ10cmほどから2回落とし、オーブン用シートごと取り出して、網にのせて冷ます。

8. ホワイトチョコレートコーティングを作る。耐熱性のボウルにホワイトチョコレートを入れ、電子レンジで40秒ほど加熱し、小さなゴムべらで混ぜる。これをあと2回ほどくり返し、完全に溶かす。

9. サラダ油を加えてざっと混ぜ、とろみがつくまでそのまま置いて冷ますⓑ。

10. 7が完全に冷めたらオーブン用シートをはずし、上部にスプーンで9を線状に垂らすⓒ。

◎ピスタチオペーストが入ると、生地がパサつきやすくなるので、牛乳とはちみつを加えます。

◎チェリーが入るので生地の総量は10%ほど減らします。ただしチェリーは沈みやすいので、粉類の分量は減らさずに、しっかりとした生地にしています。また、ピスタチオペーストが入って重くなるので、ベーキングパウダーは通常の2倍にしています。

◎チェリーは缶詰でも生のものでも構いません。

材料 **下準備**

バター（食塩不使用）... 85g ▶常温に戻してやわらかくする

グラニュー糖 ... 70g

はちみつ ... 10g

全卵 ... 80g（1½個分強）

　　　▶フォークでほぐし混ぜ、70℃ほどの湯せんにかけて40℃ほどに温めておく

マロンペースト ... 80g ⓐ

牛乳 ... 10g

粉類 | 薄力粉 ... 95g
　　| ベーキングパウダー ... 2g

　　　▶合わせる

栗の渋皮煮 ... 7個（約100g）ⓐ

▶型にオーブン用シートを敷く

▶オーブンは天板ごと180℃に予熱する

作り方

1. ボウルにバターを入れ、ハンドミキサーの高速でなめらかになるまで1分ほど混ぜる。

2. グラニュー糖とはちみつを加え、ふわっとして白っぽくなるまで2〜3分混ぜる。

3. 卵を5回ほどに分けて加え、そのつどつやが出て筋が見えるようになるまで30秒〜1分混ぜる。

4. 3の生地ひとすくいを別のボウルに移し、マロンペーストと牛乳を加え、だまがなくなる混ぜる。3のボウルに戻し入れ、完全になじむまで混ぜる。

5. 粉類をふるいながら加え、片手でボウルを手前に回しながら、ゴムべらで底から大きくすくい返すようにして20回ほど混ぜる。ボウルの側面の生地を落とし、さらに10回ほど混ぜる。粉けがなくなればOK。

6. 型に5の½量ほどを入れ、栗の渋皮煮を中央にまっすぐ並べてⓑ、残りの5を加える。予熱完了後に170℃に下げたオーブンで40〜45分焼く。10分ほどがたち、生地の表面に膜ができたら、水で濡らしたナイフで中央に切り込みを入れる。

7. 竹串を中心部に刺してもなにもついてこなければ焼きあがり。型ごと高さ10cmほどから2回落とし、オーブン用シートごと取り出して、網にのせて冷ます。

◎マロンペーストが入ると、生地がパサつきやすくなるので、はちみつと牛乳を加えます。

◎栗とマロンペーストが入るので生地の総量は20%ほど減らします。ただし栗は沈みやすいので、粉類の分量は約10%の減量に留め、しっかりとした生地にしています。また、マロンペーストが入って重くなるので、ベーキングパウダーは通常の2倍にしています。

こしあんを最後に加えてマーブル模様にした
どこか和菓子っぽいケーキ。
桜の塩漬けのしょっぱさが
ほどよいアクセントに。

こしあんと桜のマーブル

材料 **下準備**

バター（食塩不使用）... 105g ▶常温に戻してやわらかくする

グラニュー糖 ... 90g

はちみつ ... 10g

全卵 ... 100g（2個分）
　　　▶フォークでほぐし混ぜ、70℃ほどの湯せんにかけて40℃ほどに温めておく

粉｜薄力粉 ... 105g
類｜ベーキングパウダー ... 1g
　　　▶合わせる

桜の塩漬け ... 20枚
　　　▶水に10分以上浸けて塩抜きし 、キッチンペーパーで水けを拭き取る

こしあん ... 80g  ▶牛乳15gを加え混ぜてなめらかにする

▶型にオーブン用シートを敷く

▶オーブンは天板ごと180℃に予熱する

作り方

1. ボウルにバターを入れ、ハンドミキサーの高速でなめらかになるまで1分ほど混ぜる。

2. グラニュー糖とはちみつを加え、ふわっとして白っぽくなるまで2〜3分混ぜる。

3. 卵を5回ほどに分けて加え、そのつどつやが出て筋が見えるようになるまで30秒〜1分混ぜる。

4. 粉類をふるいながら加え、片手でボウルを手前に回しながら、ゴムべらで底から大きくすくい返すようにして20回ほど混ぜる。ボウルの側面の生地を落とし、桜の塩漬けを加え、さらに10回ほど混ぜる。粉けがなくなればOK。

5. こしあんを4の上にのせ 、3回ほど大きく混ぜてマーブル状にする 。

6. 型にスプーンで5を少しずつ落としながら入れ（なるべくいじらない）、ゆすってならす。予熱完了後に170℃に下げたオーブンで40〜45分焼く。10分ほどがたち、生地の表面に膜ができたら、水で濡らしたナイフで中央に切り込みを入れる。

7. 竹串を中心部に刺してもなにもついてこなければ焼きあがり。型ごと高さ10cmほどから2回落とし、オーブン用シートごと取り出して、網にのせて冷ます。

> **note**
> 《 洋菓子にも合う和の食材 》
> 抹茶やごまをはじめ、和の食材を洋菓子に取り入れるのは、今や常識となっています。しばらく前にはフランスでゆずが大流行したこともありました。みなさんもぜひ洋菓子に合う和の食材を探してみてください。

2

ペーストや液体を加える

この章のポイント

「ペーストや液体を加える」ときの注意点

- 生地にキャラメルや溶かしたチョコレートなどを加えるときは、温度を30～40℃ほどに下げてから加えます。ぬるめのお風呂くらいの温度が目安です。熱すぎると生地のバターが溶けてしまって、失敗のもとになるので、くれぐれもご注意を。
- 加えるものの量は100～120gが目安です。
- 大半のレシピで生地の水分量は多くなります。そうなると途中、特に卵を加えるあたりで、生地が分離してしまうリスクがアップします。その場合はのちほど加える粉類の¼量ほどを先にふるい入れて混ぜ、生地をまとめてください。
- 硬めのペーストを加える場合は、取り分けた少量の生地と先に混ぜ合わせてから、全体に加えます。だまにならず、きれいに混ざります。

オリジナルレシピを作るヒント

- 本書で使用したあんこ、マロンペースト、白みそのほか、クリームチーズもペーストとして使えますし、ピーナッツバターを使うレシピはよく見かけます。いずれも粉の前に生地に加えます。生地はしっとりとすることが多いです。
- はちみつとメープルシロップは、ともに甘い液体ですが、風味が異なります。それぞれ相性のよい食材が違いますので、さまざまな焼き菓子のレシピや市販のお菓子を参考に、考えてみてください。ともに生地はふわっと焼き上がりますが、具材は沈みやすいのでご注意を。
- 本書で使用しているチョコレート（スイート）とホワイトチョコレートのほか、ミルクチョコレートも同様に使えます。

3

くだものやナッツを
加える

固形物、特にくだものは、水分量が多いも
のもあるので、加える際には注意が必要
です。コンポートにしたり、ジャムにした
りすると格段に扱いやすくなるでしょう。
くだものが入ることでパウンドケーキは
ぐんとおいしくなり、幅が広がります。ま
た、ナッツは豊かな香りと食感をもたらし
てくれます。ぜひ挑戦してみてください。

くだものやナッツを加える

 ## フレッシュフルーツ

- くだものが入るので生地の総量は10％ほど減らします。ただしくだものは水分が多くて沈みやすいので、粉類の分量は減らしません。
- さまざまなくだものや野菜がマッチします。くだものはやや酸味があるもの、野菜は甘みがあるもののほうが相性はよいのですが、たいていは合わせることができるでしょう。 p66,67 〉

 ## 柑橘類

- レモンやオレンジ、グレープフルーツなどの柑橘類は、お菓子では多用される食材です。特徴は身以外に果汁や皮を活用するところ。すりおろした皮はグラニュー糖と混ぜ合わせて生地に加えると、さわやかな香りがお菓子全体に広がります。生地の配合は基本のものと変わりません。 p68～73 〉

ブルーベリー

レモン

材料

バター（食塩不使用）... 95g ▶常温に戻してやわらかくする

グラニュー糖 ... 90g

全卵 ... 90g（2個分弱） ▶フォークでほぐし混ぜ、70℃ほどの湯せんにかけて40℃ほどに温めておく

粉類 │ 薄力粉 ... 105g
│ ベーキングパウダー ... 1g
▶合わせる

ブルーベリー ... 100g

下準備 作り方

1. 「基本のパウンドケーキ」 p12 〉と同様にする。ただし4の★★でブルーベリーの4/5量ほどを加える。5で型に生地を入れたら残りのブルーベリーをのせる。

材料

バター（食塩不使用）... 105g ▶常温に戻してやわらかくする

グラニュー糖 ... 100g

全卵 ... 100g（2個分） ▶フォークでほぐし混ぜ、70℃ほどの湯せんにかけて40℃ほどに温めておく

粉類 │ 薄力粉 ... 105g
│ ベーキングパウダー ... 1g
▶合わせる

レモン ... 1個 ▶塩適量でよくもみ洗いする。皮はすりおろし、上記のグラニュー糖と混ぜる ⓐ。果汁を絞り、10g を使う

下準備 作り方

1. 「基本のパウンドケーキ」 p12 〉と同様にする。ただし4の★★でレモン果汁10gを加える。

ⓐ

コンポート

● 砂糖といっしょに煮てコンポートにすると、甘みが凝縮され、生地と一体感が出て、パウンドケーキに合うような状態になります。加える際は汁けをしっかりきる、または拭き取るようにしてください。余ったものはヨーグルトに入れたりするとおいしくいただけます。

● コンポートが入るので生地の総量は10%ほど減らします。ただしコンポートは沈みやすいので、粉類の分量は減らさずに、しっかりとした生地にしています。

● さまざまなくだものに応用できます。洋梨やりんご、びわなどがおすすめです。 p74〜79

金柑のコンポート

材料

バター（食塩不使用）... 95g ▶常温に戻してやわらかくする

グラニュー糖 ... 90g

全卵 ... 90g（2個分弱）▶フォークでほぐし混ぜ、
　70℃ほどの湯せんにかけて40℃ほどに温めておく

粉類｜薄力粉 ... 105g
　　｜ベーキングパウダー ... 1g
　　▶合わせる

金柑のコンポート

金柑 ... 100g ▶へたを取り、竹串などで
　穴を数か所あけ ⓐ、横半分に切り、
　種を取り除いて、さらに半分に切る

グラニュー糖 ... 50g

水 ... 50g

▶小鍋に材料すべてを入れて中火で熱し、
煮立ったら弱火にしてやわらかくなるまで10分ほど煮 ⓑ、
火を止めてそのまま冷まして、キッチンペーパーで汁けを拭き取る

下準備 作り方

1. 「基本のパウンドケーキ」 p12 と同様にする。
　ただし **4** の★★で金柑のコンポートの 4/5 量ほどを加える。**5** で型に生地を入れたら残りの金柑のコンポートをのせる。

くだものやナッツを加える

 ## くだものや野菜のペースト

- ペーストにするとくだものや野菜の風味が生地全体に広がり、素材の味をより強く感じられます。
- ペーストが入るので生地の総量は10%ほど減らします。生地に粘度が出るのでベーキングパウダーは2倍にし、パサつきがちなので牛乳を加えています。
- かぼちゃのほか、バナナや焼きいもなどが向いています。p80〜83

 ## ジャム／マーマレード

- ジャムやマーマレードに糖分があるので生地の砂糖は少し減らしています。
- ジャムは簡易なものを作ったりしますが、マーマレードは市販のもの（サンダルフォー）を使用。果肉が多いものがおすすめです。
- ケーキにのせたり、挟んだり、生地に混ぜ込んだりと、さまざまな展開が可能です。p84〜89

かぼちゃ

オレンジマーマレード

材料

バター（食塩不使用）... 95g ▶常温に戻してやわらかくする
グラニュー糖 ... 90g
全卵 ... 90g（2個分弱）▶フォークでほぐし混ぜ、
　70℃ほどの湯せんにかけて40℃ほどに温めておく
粉類 ｜薄力粉 ... 105g
　　　｜ベーキングパウダー ... 2g
　　　▶合わせる
かぼちゃ ... 150g ▶ひと口大に切り、耐熱性のボウルに入れ、
　ラップをして電子レンジで6分ほど加熱する（かぼちゃがパサついて
　いる場合は水大さじ1も加える）。やわらかくなったら皮を除き、
　フォークの背で潰して、ペースト状にし、そのまま冷まして、80gを使う
牛乳 ... 10g

下準備　作り方

1. 「基本のパウンドケーキ」 p12 と同様にする。ただし4の★★でペースト状にしたかぼちゃ80gと牛乳を加え、直後の混ぜる回数は15回ほどにする。

材料

バター（食塩不使用）... 95g ▶常温に戻してやわらかくする
グラニュー糖 ... 80g
全卵 ... 90g（2個分弱）▶フォークでほぐし混ぜ、
　70℃ほどの湯せんにかけて40℃ほどに温めておく
粉類 ｜薄力粉 ... 105g
　　　｜ベーキングパウダー ... 1g
　　　▶合わせる
オレンジマーマレード ... 70g

下準備　作り方

1. 「基本のパウンドケーキ」 p12 と同様にする。ただし4の★★でオレンジマーマレードを加える。

ドライフルーツ

- パウンドケーキに加えるものといえばドライフルーツが代表格。洋酒に漬けてから加えると、食感も香りもよくなります。
- ドライフルーツが入るので粉類は10%、その他の材料は20%ほど減らします。
- さまざまなドライフルーツが合いますが、和のドライフルーツ、干し柿も使えます。 p90〜95

 ## ナッツ

- 食感と香りのアクセントになるナッツは、パウンドケーキにもよく合います。
- ミックスナッツが入るので生地の総量は10%ほど減らし、パサつきがちなのではちみつを加えます。
- ミックスナッツやくるみ、ピスタチオなど、お菓子によく使われるナッツ類ならなんでも入れられます。 p96〜101

ケーク・オ・フリュイ

ミックスナッツ

材料

バター（食塩不使用）... 85g ▶常温に戻してやわらかくする
グラニュー糖 ... 80g
全卵 ... 80g（1½個分強）▶フォークでほぐし混ぜ、70℃ほどの湯せんにかけて40℃ほどに温めておく

粉類
| 薄力粉 ... 95g
| ベーキングパウダー ... 1g
▶合わせる

ドライフルーツ

レーズン ... 60g　ドライアプリコット ... 30g
ドライいちじく ... 30g　ドライプルーン ... 30g
くるみ（ロースト済み）... 20g　ブランデー ... 30g

▶アプリコット、いちじく、プルーンは4等分に切り、レーズンといっしょにざるに入れて熱湯をかけ、くるみといっしょにブランデーに30分以上漬ける。使う前にキッチンペーパーで汁けを拭き取る

下準備 作り方

1. 「基本のパウンドケーキ」 p12 と同様にする。ただし4の★★でドライフルーツを加える。

材料

バター（食塩不使用）... 95g ▶常温に戻してやわらかくする
グラニュー糖 ... 80g
はちみつ ... 10g
全卵 ... 90g（2個分弱）▶フォークでほぐし混ぜ、70℃ほどの湯せんにかけて40℃ほどに温めておく

粉類
| 薄力粉 ... 95g
| ベーキングパウダー ... 1g
▶合わせる

ミックスナッツ（ロースト済み）... 100g ▶粗みじん切りにする

下準備 作り方

1. 「基本のパウンドケーキ」 p12 と同様にする。ただし2でグラニュー糖といっしょにはちみつも加える。4の★★でミックスナッツを加える。

◎ローストされていないナッツは150℃に予熱したオーブンで15分ほど焼いてください。

バター（食塩不使用）... 95g ▶常温に戻してやわらかくする

グラニュー糖 ... 90g

全卵 ... 90g（2個分弱）

　　　　▶フォークでほぐし混ぜ、70℃ほどの湯せんにかけて40℃ほどに温めておく

粉類 | 薄力粉 ... 100g
| カルダモンパウダー ... 4g ⓐ
| ベーキングパウダー ... 1g

いちご ... 120g ▶へたを取って縦半分に切る（大きいものはさらに縦半分に切る）

カルダモンクランブル

| 薄力粉 ... 30g
| グラニュー糖 ... 15g
| カルダモンパウダー ... 1g
| バター（食塩不使用）... 15g ▶1cm角に切り、冷凍室に入れておく

　　　　▶ボウルに薄力粉、グラニュー糖、カルダモンパウダーを合わせてふるい入れ、バターを加え、指先でバターを潰すようにしながらすり混ぜる。全体がなじんでそぼろ状になったら、軽く握って1cmほどのかたまりにしⓑ、冷凍室に入れておく

▶型にオーブン用シートを敷く
▶オーブンは天板ごと180℃に予熱する

作り方

1. ボウルにバターを入れ、ハンドミキサーの高速でなめらかになるまで1分ほど混ぜる。

2. グラニュー糖を加え、ふわっとして白っぽくなるまで2〜3分混ぜる。

3. 卵を5回ほどに分けて加え、そのつどつやが出て筋が見えるようになるまで30秒〜1分混ぜる。

4. 粉類をふるいながら加え、片手でボウルを手前に回しながら、ゴムべらで底から大きくすくい返すようにして20回ほど混ぜる。ボウルの側面の生地を落とし、さらに10回ほど混ぜる。粉けがなくなればOK。

5. 型に**4**の½量ほど→いちごの½量ほどⓒ→残りの**4**→残りのいちご→カルダモンクランブルの順に入れるⓓ。予熱完了後に170℃に下げたオーブンで45〜50分焼く。

6. 竹串を中心部に刺してもなにもついてこなければ焼きあがり。型ごと高さ10cmほどから2回落とし、オーブン用シートごと取り出して、網にのせて冷ます。

◎いちごは水分が多く沈みやすいので、生地に入れて混ぜるのではなく、生地に重ねるようにして入れていきます。

◎いちごが入るので生地の総量は10%ほど減らします。ただしいちごは沈みやすいので、粉類の分量は減らさずに、しっかりとした生地にしています。

ⓐ　　ⓑ　　ⓒ　　ⓓ

いちごのカルダモン風味

いちごが旬のころにぜひ作りたいケーキ。
いちごの甘さを引き立たせる
カルダモンを合わせました。
焼きあがりのいい香りは格別です。

紅茶によく合うイギリスのお菓子です。
「drizzle」は「(液体を)振りかける」という意味。
レモンシロップをひたひたになるまでケーキに打ちます。
しっとりしつつ、さわやかなお菓子です。

レモンドリズルケーキ

ホワイトラムを効かせた
大人向けのパウンドケーキです。
ライムとミントでモヒート風にしています。
夏の夜によく合いそう。

ライムとミントのモヒート風

レモンドリズルケーキ

材料 **下準備**

バター(食塩不使用) ... 105g ▶常温に戻してやわらかくする

グラニュー糖 ... 100g

全卵 ... 100g(2個分)

▶フォークでほぐし混ぜ、70℃ほどの湯せんにかけて40℃ほどに温めておく

粉類 薄力粉 ... 105g
ベーキングパウダー ... 1g

▶合わせる

レモン ... 2個 ▶塩適量でよくもみ洗いする。1個分の皮はすりおろし、
上記のグラニュー糖と混ぜる。2個分の果汁を絞り、10gは**4**で、
残りは下記のレモンシロップとレモンアイシングに使う

レモンシロップ

グラニュー糖 ... 20g
レモン汁 ... 30g

▶耐熱性のボウルに材料すべてを入れ、電子レンジでグラニュー糖が溶けるまで
1分ほど加熱し、そのまま冷ます

レモンアイシング

粉砂糖 ... 60g
レモン汁 ... 大さじ1

▶小さなボウルに粉砂糖をふるい入れ、レモン汁を加えて、
小さなゴムべらでつやが出るまで練るように混ぜる(a)

▶型にオーブン用シートを敷く

▶オーブンは天板ごと180℃に予熱する

作り方

1. ボウルにバターを入れ、ハンドミキサーの高速でなめらかになるまで1分
ほど混ぜる。

2. レモンの皮のすりおろしと混ぜ合わせたグラニュー糖を加え、ふわっとし
て白っぽくなるまで2〜3分混ぜる。

3. 卵を5回ほどに分けて加え、そのつどつやが出て筋が見えるようになる
まで30秒〜1分混ぜる。

4. 粉類をふるいながら加え、片手でボウルを手前に回しながら、ゴムべら
で底から大きくすくい返すようにして20回ほど混ぜる。ボウルの側面の
生地を落とし、レモン果汁10gを加え、さらに10回ほど混ぜる。粉けが
なくなればOK。

5. 型に**4**を入れ、予熱完了後に170℃に下げたオーブンで40〜45分焼
く。10分ほどがたち、生地の表面に膜ができたら、水で濡らしたナイフ
で中央に切り込みを入れる。

6. 竹串を中心部に刺してもなにもついてこなければ焼きあがり。型ごと高
さ10cmほどから2回落とし、オーブン用シートごと取り出す。

7. **6**が熱いうちにオーブン用シートをはずし、上部と側面に竹串などで
15か所ほど穴をあけ(b)、はけでレモンシロップを塗る(c)。

8. **7**が完全に冷めたら上部と側面にはけでレモンアイシングを塗り(d)、
200℃に予熱したオーブンで1分ほど加熱して、乾かす。

◎途中までは「レモン」 p62 と同じです
が、シロップとアイシングが追加されてい
ます。印象ががらりと変わるので食べ比
べてみてもおもしろいでしょう。

(a)

(b)

(c)

(d)

バター（食塩不使用）... 105g ▶常温に戻してやわらかくする

グラニュー糖 ... 100g

全卵 ... 100g（2個分）
  ▶フォークでほぐし混ぜ、70℃ほどの湯せんにかけて40℃ほどに温めておく

粉類 | 薄力粉 ... 105g
    | ベーキングパウダー ... 1g
  ▶合わせる

ライム ... 1½個 ▶塩適量でよくもみ洗いする。皮はすりおろし、
  1個分は上記のグラニュー糖と混ぜ、½個分は下記のホワイトチョコレートコーティングで使う。
  すべての果汁を絞り、10gは4で、残りは下記のモヒートシロップに使う

ミントの葉 ... 20枚 ▶粗みじん切りにする

モヒートシロップ

  | 水 ... 20g　グラニュー糖 ... 30g
  | ミントの葉 ... 20枚　ライム果汁 ... ½個分（20g）
  | ホワイトラム ... 20g
  ▶小鍋に水とグラニュー糖を入れて中火で熱し、煮立ったら火を止め、
  ミントの葉とライム果汁を加えて、ふたをして10分ほど蒸らす。
  茶こしでこして耐熱性のボウルに移し、そのまま冷まして、ホワイトラムを加え混ぜる

ホワイトチョコレートコーティング

  | ホワイトチョコレート ... 50g
  | サラダ油 ... 5g（小さじ1強）
  | ライムの皮のすりおろし ... ½個分

▶型にオーブン用シートを敷く
▶オーブンは天板ごと180℃に予熱する

1. ボウルにバターを入れ、ハンドミキサーの高速でなめらかになるまで1分ほど混ぜる。

2. ライムの皮のすりおろしと混ぜ合わせたグラニュー糖を加え、ふわっとして白っぽくなるまで2〜3分混ぜる。

3. 卵を5回ほどに分けて加え、そのつどつやが出て筋が見えるようになるまで30秒〜1分混ぜる。

4. 粉類をふるいながら加え、片手でボウルを手前に回しながら、ゴムべらで底から大きくすくい返すようにして20回ほど混ぜる。ボウルの側面の生地を落とし、ライム果汁10gと粗みじん切りにしたミントの葉20枚分を加え、さらに10回ほど混ぜる。粉けがなくなればOK。

5. 型に4を入れ、予熱完了後に170℃に下げたオーブンで40〜45分焼く。10分ほどがたち、生地の表面に膜ができたら、水で濡らしたナイフで中央に切り込みを入れる。

6. 竹串を中心部に刺してもなにもついてこなければ焼きあがり。型ごと高さ10cmほどから2回落とし、オーブン用シートごと取り出して、網にのせる。

7. 6が熱いうちにオーブン用シートをはずし、上部と側面にはけでモヒートシロップを塗り、そのまま冷ます。

8. ホワイトチョコレートコーティングを作る。耐熱性のボウルにホワイトチョコレートを入れ、電子レンジで40秒ほど加熱し、小さなゴムべらで混ぜる。これをあと2回ほどくり返し、完全に溶かす。

9. サラダ油とライムの皮のすりおろしを加えて  ざっと混ぜ 、とろみがつくまでそのままおいて冷ます。

10. 7が完全に冷めたら上部にスプーンで9を線状に垂らす。

ライムとミントの
モヒート風

◎「レモン」 p62 をライムに置き換え、ミントを加えたレシピです。

ピンクグレープフルーツの
ローズマリー風味

柑橘とハーブの香りが重なり合う
さわやかなケーキ。
ピンクグレープフルーツの鮮やかな色が
とてもきれいに出ます。

材料　下準備

バター（食塩不使用）... 95g ▶常温に戻してやわらかくする

グラニュー糖 ... 90g

全卵 ... 90g（2個分弱）

　　▶フォークでほぐし混ぜ、70℃ほどの湯せんにかけて40℃ほどに温めておく

粉類 薄力粉 ... 105g
　　　ベーキングパウダー ... 1g

　　▶合わせる

ピンクグレープフルーツ ... ½個

　　▶塩適量でよくもみ洗いする。皮はすりおろし、上記のグラニュー糖と混ぜる。
　　果肉は薄皮からはずして手で小さくほぐし、4と5で100gを使う

ローズマリー ... 4枝 ▶葉を摘み取る（枝は不要）

▶型にオーブン用シートを敷く
▶オーブンは天板ごと180℃に予熱する

作り方

1. ボウルにバターを入れ、ハンドミキサーの高速でなめらかになるまで1分ほど混ぜる。

2. グレープフルーツの皮のすりおろしと混ぜ合わせたグラニュー糖を加え、ふわっとして白っぽくなるまで2〜3分混ぜる。

3. 卵を5回ほどに分けて加え、そのつどつやが出て筋が見えるようになるまで30秒〜1分混ぜる。

4. 粉類をふるいながら加え、片手でボウルを手前に回しながら、ゴムべらで底から大きくすくい返すようにして20回ほど混ぜる。ボウルの側面の生地を落とし、ピンクグレープフルーツの果肉の$^4/_5$量ほどとローズマリーの葉の$^3/_4$量ほどを加え、さらに10回ほど混ぜる。粉けがなくなればOK。

5. 型に4を入れ、残りのグレープフルーツの果肉とローズマリーの葉を散らし、予熱完了後に170℃に下げたオーブンで45〜50分焼く。10分ほどがたち、生地の表面に膜ができたら、水で濡らしたナイフで中央に切り込みを入れる。

6. 竹串を中心部に刺してもなにもついてこなければ焼きあがり。型ごと高さ10cmほどから2回落とし、オーブン用シートごと取り出して、網にのせて冷ます。

◎普通のグレープフルーツでも同様に作れます。
◎グレープフルーツが入るので生地の総量は10%ほど減らします。ただしグレープフルーツは沈みやすいので、粉類の分量は減らさずに、しっかりとした生地にしています。

りんごのタタン風

タルト・タタンをパウンドケーキにアレンジしました。
型の底にキャラメリゼしたりんごを並べ、
その上に生地を流し入れて焼きます。
アップサイドダウンケーキのパウンド版です。

南国風の甘く、さわやかな組み合わせ。
最後に粉砂糖をふっておくと、
ココナッツファインの質感がしっかり出ます。
アイスティーによく合いそう。

材料 下準備

りんごのキャラメリゼ

> グラニュー糖 ... 70g
>
> 水 ... 大さじ1
>
> バター（食塩不使用）... 20g
>
> りんご（紅玉）... 小2個（300g）▶皮と芯を除いて16等分のくし形切りにする @
>
> レモン果汁 ... 大さじ1/2

バター（食塩不使用）... 85g ▶常温に戻してやわらかくする

グラニュー糖 ... 80g

全卵 ... 80g（1 1/2 個分強）

> ▶フォークでほぐし混ぜ、70℃ほどの湯せんにかけて40℃ほどに温めておく

粉類
> 薄力粉 ... 65g
>
> アーモンドパウダー ... 20g
>
> ベーキングパウダー ... 1g

> ▶合わせる

▶型にオーブン用シートを敷き、アルミホイルで下半分を覆う ⓑ
▶オーブンは天板ごと180℃に予熱する

作り方

1. りんごのキャラメリゼを作る。フライパンにグラニュー糖と水を入れて中火で熱し、キャラメル色になるまで煮詰める。バターとりんごを加えてざっと混ぜ、さらにレモン果汁を加え、汁けがほとんどなくなるまで5分ほど煮詰める ⓒ。

2. ボウルにバターを入れ、ハンドミキサーの高速でなめらかになるまで1分ほど混ぜる。

3. グラニュー糖を加え、ふわっとして白っぽくなるまで2〜3分混ぜる。

4. 卵を5回ほどに分けて加え、そのつどつやが出て筋が見えるようになるまで30秒〜1分混ぜる。

5. 粉類をふるいながら加え、片手でボウルを手前に回しながら、ゴムべらで底から大きくすくい返すようにして20回ほど混ぜる。ボウルの側面の生地を落とし、さらに10回ほど混ぜる。粉けがなくなればOK。

6. 型にりんごのキャラメリゼを芯側を上、皮側を下にして、少し重ねつつできるだけ隙間なく並べる ⓓ。フライパンに残ったキャラメルを流し入れ、5を加えて、予熱完了後に170℃に下げたオーブンで40〜45分焼く。

7. 竹串を中心部に刺してもなにもついてこなければ焼きあがり。型ごと高さ10cmほどから2回落とし、型ごと網にのせて冷ます。

◎りんごは煮崩れしにくい紅玉がおすすめです。なければふじなどでも可。
◎キャラメルが型の隙間から漏れ出る可能性があるので、あらかじめ型をアルミホイルで覆っておきます。
◎りんごが入るので生地の総量は20%ほど減らします。しっとりと仕上げ、りんごと生地の一体感を出すために、薄力粉の一部をアーモンドパウダーに置き換えています。

りんごのタタン風

note
《 名前の由来 》
「タタン」というのはこのお菓子を発案した姉妹の名前です。19世紀末、ラモット・ブーヴロンという町の「オテル・タタン」を営んでいたタタン姉妹が、ある日に作ったりんごのタルトの失敗作がその原型と言われています。ちなみに同ホテルは現在も営業中です。

パイナップルのコンポート

> パイナップル ... 100g ▶細切りにする⒜
>
> グラニュー糖 ... 30g
>
> 水 ... 15g
>
> ▶小鍋に材料すべてを入れて中火で熱し、煮立ったら水分がほとんどなくなるまで
> 5分ほど混ぜながら加熱する⒝。火を止め、そのまま冷ます

バター（食塩不使用）... 95g ▶常温に戻してやわらかくする

グラニュー糖 ... 90g

全卵 ... 90g（2個分弱）

> ▶フォークでほぐし混ぜ、70℃ほどの湯せんにかけて40℃ほどに温めておく

粉類｜薄力粉 ... 95g
｜ベーキングパウダー ... 1g

> ▶合わせる

ココナッツファイン ... 20g＋適量

バジルの葉 ... 5枚 ▶粗みじん切りにする

粉砂糖 ... 適量

▶型にオーブン用シートを敷く

▶オーブンは天板ごと180℃に予熱する

作り方

1. ボウルにバターを入れ、ハンドミキサーの高速でなめらかになるまで1分ほど混ぜる。

2. グラニュー糖を加え、ふわっとして白っぽくなるまで2〜3分混ぜる。

3. 卵を5回ほどに分けて加え、そのつどつやが出て筋が見えるようになるまで30秒〜1分混ぜる。

4. 粉類をふるいながら加え、片手でボウルを手前に回しながら、ゴムべらで底から大きくすくい返すようにして20回ほど混ぜる。ボウルの側面の生地を落とし、汁けをきったパイナップルのコンポート、ココナッツファイン20g、バジルの葉を加え、さらに10回ほど混ぜる。粉けがなくなればOK。

5. 型に4を入れ、粉砂糖をふって©、ココナッツファイン適量を散らし①、予熱完了後に170℃に下げたオーブンで40〜45分焼く。

6. 竹串を中心部に刺してもなにもついてこなければ焼きあがり。型ごと高さ10cmほどから2回落とし、オーブン用シートごと取り出して、網にのせて冷ます。

◎パイナップルが入るので生地の総量は10%ほど減らします。粉もココナッツファインが入るぶんだけ少し減らしています。

パイナップルと
ココナッツのバジル風味

甘いかぼちゃにほろ苦いキャラメル。
それぞれが引き立て合って、
豊かな甘さが広がります。
ハロウィンにもぜひ。

かぼちゃのキャラメル風味

材料 **下準備**

キャラメル

> グラニュー糖 ... 40g
>
> 塩 ... 1g　水 ... 大さじ1
>
> 生クリーム ... 50g ▶耐熱性のボウルに入れ、電子レンジで20秒ほど加熱する

かぼちゃ煮

> バター（食塩不使用）... 5g
>
> かぼちゃ ... 正味150g ▶4cm角に切る
>
> グラニュー糖 ... 10g
>
> 塩 ... 1g

バター（食塩不使用）... 90g ▶常温に戻してやわらかくする

グラニュー糖 ... 70g

全卵 ... 90g（2個分弱）

> ▶フォークでほぐし混ぜ、70℃ほどの湯せんにかけて40℃ほどに温めておく

粉
類　薄力粉 ... 105g

> ベーキングパウダー ... 1g
>
> ▶合わせる

かぼちゃ ... 幅4mmの薄切り3枚

▶型にオーブン用シートを敷く

▶オーブンは天板ごと180℃に予熱する

作り方

1. キャラメルを作る。小鍋にグラニュー糖、塩、水を入れ、あまり動かさずに中火で熱する。グラニュー糖の半分ほどが溶けたら、鍋を回してまんべんなく加熱し、完全に溶かす。濃いキャラメル色になったら火を止め、生クリームを2回に分けて加え、そのつどゴムべらでよく混ぜる。再度中火にかけて30秒ほど煮詰め、少しとろみがついたら耐熱性の容器に移し、そのまま冷まして40℃ほどにして、70gを使う（足りなくてもOK）。

2. かぼちゃ煮を作る。鍋にバターを入れて中火で熱し、溶けたらかぼちゃを加え、ゴムべらで混ぜながらバターが全体によくからむまで炒める。かぼちゃの1/3ほどの高さの水適量（分量外）を加え、ふたをして弱めの中火で10分ほど煮る。水分がほぼ飛び、かぼちゃがやわらかくなったら、グラニュー糖と塩を加え、ざっと混ぜる@。バットに移し、冷めたら1cm角に切って、100gを使用する。

3. ボウルにバターを入れ、ハンドミキサーの高速でなめらかになるまで1分ほど混ぜる。

4. グラニュー糖とキャラメルを加え、ふわっとして白っぽくなるまで2～3分混ぜる。

5. 卵を5回ほどに分けて加え、そのつどつやが出て筋が見えるようになるまで30秒～1分混ぜる。

6. 粉類をふるいながら加え、片手でボウルを手前に回しながら、ゴムべらで底から大きくすくい返すようにして20回ほど混ぜる。ボウルの側面の生地を落とし、かぼちゃ煮100gを加え、さらに10回ほど混ぜる。粉けがなくなればOK。

7. 型に6を入れ、薄切りにしたかぼちゃをのせて、予熱完了後に170℃に下げたオーブンで45～50分焼く。

8. 竹串を中心部に刺してもなにもついてこなければ焼きあがり。型ごと高さ10cmほどから2回落とし、オーブン用シートごと取り出して、網にのせて冷ます。

◎かぼちゃ煮が入るので生地の総量は10％ほど減らします。ただしかぼちゃ煮は沈みやすいので、粉類の分量は減らさずに、しっかりとした生地にしています。また、キャラメルとかぼちゃ煮にも砂糖が入っているので、生地の砂糖は減らしています。

バナナのキャラメル風味

キャラメルをからめたバナナを
ペースト状にして、生地に混ぜます。
濃厚な甘さがなんとも魅力的。
子どもにも喜ばれる味です。

生のさつまいもではなく、焼きいもを使うことで、
しっとりとした甘さを手軽に楽しめます。
フロスティングをのせて、めりはりを利かせましょう。

焼きいも

バナナのキャラメル風味

材料　下準備

バナナのキャラメリゼ

グラニュー糖 … 40g

水 … 5g

バナナ … 1本（100g）▶皮をむき、薄い輪切りにする

バター（食塩不使用）… 5g

バター（食塩不使用）… 95g　▶常温に戻してやわらかくする

きび砂糖 … 80g＋適量

全卵 … 90g（2個分弱）

　▶フォークでほぐし混ぜ、70℃ほどの湯せんにかけて40℃ほどに温めておく

粉類 薄力粉 … 105g

シナモンパウダー … 2g

ベーキングパウダー … 2g

　▶合わせる

▶型にオーブン用シートを敷く

▶オーブンは天板ごと180℃に予熱する

作り方

1. バナナのキャラメリゼを作る。鍋にグラニュー糖と水を入れて中火で熱し、キャラメル色になるまで煮詰める。バナナを加えてざっと混ぜ@、水けがなくなってきたらバターを加えて溶かし混ぜて、耐熱性のボウルに移す。冷めたらフォークの背でなめらかになるまでつぶし⓫、120gを使う。

2. ボウルにバターを入れ、ハンドミキサーの高速でなめらかになるまで1分ほど混ぜる。

3. きび砂糖80gを加え、ふわっとして白っぽくなるまで2〜3分混ぜる。

4. 卵を5回ほどに分けて加え、そのつどつやが出て筋が見えるようになるまで30秒〜1分混ぜる。

5. 粉類をふるいながら加え、片手でボウルを手前に回しながら、ゴムべらで底から大きくすくい返すようにして20回ほど混ぜる。ボウルの側面の生地を落とし、バナナのキャラメリゼ120gを加え、さらに15回ほど混ぜる。粉けがなくなればOK。

6. 型に5を入れ、予熱完了後に170℃に下げたオーブンで40〜45分焼く。10分ほどがたち、生地の表面に膜ができたら、水で濡らしたナイフで中央に切り込みを入れる。

7. 竹串を中心部に刺してもなにもついてこなければ焼きあがり。型ごと高さ10cmほどから2回落とし、オーブン用シートごと取り出して網にのせ、オーブン用シートをはずす。

8. 7が熱いうちにきび砂糖適量を全体にまぶす。

◎バナナが入るので生地の総量は10％ほど減らします。ただしバナナは沈みやすいので、粉類の分量は減らさずに、しっかりとした生地にしています。また、ペースト状になったバナナが入って重くなるので、ベーキングパウダーは通常の2倍にしています。また、バナナのキャラメリゼにも砂糖が入っているので、生地の砂糖は減らしています。

◎こくのあるきび砂糖がよく合います。全体にまぶしてより強く風味を出します。

焼きいも

材料 **下準備**

バター（食塩不使用）... 95g ▶常温に戻してやわらかくする

きび砂糖 ... 90g

全卵 ... 90g（2個分弱）

　▶フォークでほぐし混ぜ、70℃ほどの湯せんにかけて40℃ほどに温めておく

粉類 | 薄力粉 ... 105g
| ベーキングパウダー ... 2g

　▶合わせる

焼きいも ... 60g＋50g ▶60gは皮をむき、フォークの背で潰してペースト状にする

黒いりごま ... 5g

フロスティング

| クリームチーズ ... 100g ▶常温に戻す
| グラニュー糖 ... 25g

　▶ボウルにクリームチーズを入れ、ゴムべらで混ぜてなめらかにし、
　グラニュー糖を加えて、完全になじむまですり混ぜる⒜

▶型にオーブン用シートを敷く

▶オーブンは天板ごと180℃に予熱する

作り方

1. ボウルにバターを入れ、ハンドミキサーの高速でなめらかになるまで1分ほど混ぜる。

2. きび砂糖を加え、ふわっとして白っぽくなるまで2〜3分混ぜる。

3. 卵を5回ほどに分けて加え、そのつどつやが出て筋が見えるようになるまで30秒〜1分混ぜる。

4. 粉類をふるいながら加え、片手でボウルを手前に回しながら、ゴムべらで底から大きくすくい返すようにして20回ほど混ぜる。ボウルの側面の生地を落とし、ペースト状にした焼きいも60gと黒いりごまを加え、さらに10回ほど混ぜる。粉けがなくなればOK。

5. 型に4を入れ、残りの焼きいも50gを手でちぎって散らし、予熱完了後に170℃に下げたオーブンで45〜50分焼く。10分ほどがたち、生地の表面に膜ができたら、水で濡らしたナイフで中央に切り込みを入れる。

6. 竹串を中心部に刺してもなにもついてこなければ焼きあがり。型ごと高さ10cmほどから2回落とし、オーブン用シートごと取り出して、網にのせて冷ます。

7. 6が完全に冷めたらオーブン用シートをはずし、上部にゴムべらでフロスティングを塗り広げる⒝。

◎焼きいもが入るので生地の総量は10％ほど減らします。ただし焼きいもは沈みやすいので、粉類の分量は減らさずに、しっかりとした生地にしています。また、ペースト状になった焼きいもが入って重くなるので、ベーキングパウダーは通常の2倍にしています。

◎焼きいもの風味に合わせてきび砂糖を使っています。

◎焼きいもは買ってきたものでもいいですし、もちろん自分で焼いたものでも構いません。

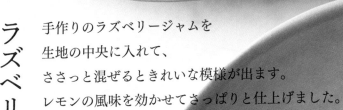

ラズベリージャム

手作りのラズベリージャムを
生地の中央に入れて、
ささっと混ぜるときれいな模様が出ます。
レモンの風味を効かせてさっぱりと仕上げました。

ブルーベリージャムと
クリームチーズのマーブル

ジャムだけでなく、
クリームチーズを生地に練り込むことで
しっとりとした状態が長く続く生地になります。
もちろん味にめりはりが出ておいしくもなります。

材料 **下準備**

バター (食塩不使用) ... 105g ▶常温に戻してやわらかくする

グラニュー糖 ... 100g

全卵 ... 100g (2個分)

▶フォークでほぐし混ぜ、70℃ほどの湯せんにかけて40℃ほどに温めておく

粉類 │ 薄力粉 ... 115g
│ ベーキングパウダー ... 1g

▶合わせる

レモン ... 1個 ▶塩適量でよくもみ洗いする。皮はすりおろし、上記のグラニュー糖と混ぜる。
果汁を絞り、10gは**4**で、もう10gは下記のラズベリージャムに使う

ラズベリージャム

│ ラズベリー (冷凍) ... 150g
│ グラニュー糖 ... 120g
│ レモン果汁 ... 10g

▶小鍋に材料すべてを入れて中火で熱し、煮立ったらゴムべらで潰しながらとろみが
つくまで5〜10分煮詰める@。耐熱性のボウルに移し、冷めたら60g＋40gを使う

▶型にオーブン用シートを敷く

▶オーブンは天板ごと180℃に予熱する

作り方

1. ボウルにバターを入れ、ハンドミキサーの高速でなめらかになるまで1分ほど混ぜる。

2. レモンの皮のすりおろしと混ぜ合わせたグラニュー糖を加え、ふわっとして白っぽくなるまで2〜3分混ぜる。

3. 卵を5回ほどに分けて加え、そのつどつやが出て筋が見えるようになるまで30秒〜1分混ぜる。

4. 粉類をふるいながら加え、片手でボウルを手前に回しながら、ゴムべらで底から大きくすくい返すようにして20回ほど混ぜる。ボウルの側面の生地を落とし、レモン果汁10gを加え、さらに10回ほど混ぜる。粉けがなくなれば OK。

5. 型に**4**の1/2量ほどを入れ、ラズベリージャム60gをのせⓑ、竹串などで円を描くようにしてジャムを軽く混ぜるⓒ。残りの**4**を加え、予熱完了後に170℃に下げたオーブンで40〜45分焼く。10分ほどがたち、生地の表面に膜ができたら、水で濡らしたナイフで中央に切り込みを入れる。

6. 竹串を中心部に刺してもなにもついてこなければ焼きあがり。型ごと高さ10cmほどから2回落とし、オーブン用シートごと取り出して、網にのせて冷ます。

7. **6**が完全に冷めたらオーブン用シートをはずし、電子レンジで1分ほど加熱したラズベリージャム40gをはけで上部に塗りⓓ、そのままおいて乾かす。

◎市販のジャムよりも手作りのほうが発色がよくなります。

◎ジャムは180gほどできます。残りはパンにつけたり、ヨーグルトに入れるなどしてください。

◎ジャムが入るので粉類の分量を10%ほど増やし、しっかりとした生地にしています。

ラズベリージャム

バター (食塩不使用) ... 95g ▶常温に戻してやわらかくする

グラニュー糖 ... 90g

クリームチーズ ... 40g ▶常温に戻してやわらかくする

全卵 ... 90g (2個分弱)

　▶フォークでほぐし混ぜ、70℃ほどの湯せんにかけて40℃ほどに温めておく

粉類 | 薄力粉 ... 85g
　　　アーモンドパウダー ... 20g
　　　ベーキングパウダー ... 1g

　▶合わせる

ブルーベリージャム

　ブルーベリー (冷凍) ... 80g
　グラニュー糖 ... 40g
　水 ... 10g

　▶小鍋に材料すべてを入れて中火で熱し、煮立ったらゴムべらで潰しながら
　とろみがつくまで5分ほど煮詰める(a)。耐熱性のボウルに移して冷まし、60gを使う

▶型にオーブン用シートを敷く
▶オーブンは天板ごと180℃に予熱する

作り方

1. ボウルにバターを入れ、ハンドミキサーの高速でなめらかになるまで1分ほど混ぜる。

2. グラニュー糖を加え、ふわっとして白っぽくなるまで2〜3分混ぜる。

3. クリームチーズを加え、完全になじむまで混ぜる。

4. 卵を5回ほどに分けて加え、そのつどつやが出て筋が見えるようになるまで30秒〜1分混ぜる。

5. 粉類をふるいながら加え、片手でボウルを手前に回しながら、ゴムべらで底から大きくすくい返すようにして20回ほど混ぜる。ボウルの側面の生地を落とし、さらに10回ほど混ぜる。粉けがなくなればOK。

6. 5の1/4量ほど (約100g) を別のボウルに移し、ブルーベリージャム60gを加え、完全になじむまで30回ほど混ぜる(b)。

7. 6を5のボウルの生地の上にのせ(c)、3回ほど大きく混ぜてマーブル状にする(d)。

8. 型にスプーンで7を少しずつ落としながら入れ (なるべくいじらない)、ゆすってならす。予熱完了後に170℃に下げたオーブンで40〜45分焼く。10分ほどがたち、生地の表面に膜ができたら、水で濡らしたナイフで中央に切り込みを入れる。

9. 竹串を中心部に刺してもなにもついてこなければ焼きあがり。型ごと高さ10cmほどから2回落とし、オーブン用シートごと取り出して、網にのせて冷ます。

◎ブルーベリーはもちろん生でも構いません。

◎ジャムは80gほどできます。残りはパンにつけたり、ヨーグルトに入れるなどしてください。

◎ジャムが入るので生地の総量は10%ほど減らします。ただし粉類の分量は減らさずに、しっかりとした生地にしています。

ブルーベリージャムとクリームチーズのマーブル

桃のジャム

白桃 ... 170g（約1個分）
　▶縦半分に切り、むいた皮はお茶パックに入れ⑧、身は粗みじん切りにする

グラニュー糖 ... 100g（果肉の60%）

レモン果汁 ... 1/4個分

バター（食塩不使用）... 105g　▶常温に戻してやわらかくする

グラニュー糖 ... 100g

全卵 ... 100g（2個分）
　▶フォークでほぐし混ぜ、70℃ほどの湯せんにかけて40℃ほどに温めておく

粉類｜薄力粉 ... 100g
　　｜ベーキングパウダー ... 1g
　▶合わせる

紅茶の茶葉（アールグレイ）... 4g（ティーバッグ2袋分）
　▶茶葉が大きい場合はビニール袋に入れてめん棒でたたき、細かくする

牛乳 ... 10g

▶型にオーブン用シートを敷く
▶オーブンは天板ごと180℃に予熱する

作り方

1. 桃のジャムを作る。厚手の鍋に材料すべて（お茶パックに入れた皮も）を入れてざっと混ぜ、ゴムべらで桃の身を潰しながら中火で煮る。煮立ったら桃の皮を入れたお茶パックを絞ってから取り出し、あくを取って、大きく混ぜながらとろみがつくまで15分ほど煮詰める⑥。耐熱性のボウルに移して冷まし、100gを使う。

2. ボウルにバターを入れ、ハンドミキサーの高速でなめらかになるまで1分ほど混ぜる。

3. グラニュー糖を加え、ふわっとして白っぽくなるまで2〜3分混ぜる。

4. 卵を5回ほどに分けて加え、そのつどつやが出て筋が見えるようになるまで30秒〜1分混ぜる。

5. 粉類をふるいながら加え、紅茶の茶葉も加えて、片手でボウルを手前に回しながら、ゴムべらで底から大きくすくい返すようにして20回ほど混ぜる。ボウルの側面の生地を落とし、牛乳を加え、さらに10回ほど混ぜる。粉けがなくなればOK。

6. 型に5を入れ、予熱完了後に170℃に下げたオーブンで40〜45分焼く。10分ほどがたち、生地の表面に膜ができたら、水で濡らしたナイフで中央に切り込みを入れる。

7. 竹串を中心部に刺してもなにもついてこなければ焼きあがり。型ごと高さ10cmほどから2回落とし、オーブン用シートごと取り出して、網にのせて冷ます。

8. 7が完全に冷めたらオーブン用シートをはずし、ブレッドナイフで高さを半分に切って⑥、断面に桃のジャム100gを塗り広げて⑨挟む⑥。

◎生地は「アールグレイ」 p19 と同じものです。
◎ジャムは200gほどできます。残りはパンにつけたり、ヨーグルトに入れるなどしてください。
◎桃の皮はお茶パックに入れていっしょに煮、色を移します。色が鮮やかな桃を選んでください。

桃のジャムのサンドイッチケーキ

紅茶生地に自家製の桃のジャムを挟みます。
ジャムは紅茶生地に合うものでしたらなんでもOK。
バリエーションを楽しんでください。
ジャムが生地になじんでから切りましょう。

ラムレーズンの
コーヒー風味

ラムの高貴な香りを、
コーヒーの苦みがしっかり受け止める
大人っぽいパウンドケーキ。
もちろんお酒やコーヒーによく合います。

ドライプルーンの紅茶煮の
シナモン風味

紅茶の味が染み込んだプルーンを
シナモン風味の生地に加えました。
仕上げのジャムは風味づけでありつつ、
日持ちをよくしてくれます。

ⓐ

ラムレーズンの
コーヒー風味

note
《 ドライフルーツの下処理 》
ドライフルーツにはオイルが
コーティングされていること
があります。そんなときは湯
をかけてオイルを落としてか
ら使用します。さらに洋酒に
つけると、風味がよくなり、食
感がやわらかくなります。

材料 **下準備**

バター（食塩不使用）... 95g ▶常温に戻してやわらかくする

きび砂糖 ... 90g

全卵 ... 90g（2個分弱）

　　　▶フォークでほぐし混ぜ、70℃ほどの湯せんにかけて40℃ほどに温めておく

粉類 | 薄力粉 ... 105g
| ベーキングパウダー ... 1g

　　　▶合わせる

コーヒー牛乳

| 牛乳 ... 15g
| インスタントコーヒー ... 5g

　　　▶耐熱容器に牛乳を入れ、電子レンジで20秒ほど温めてから、
　　　インスタントコーヒーを加え混ぜ、冷ましておく

ラムレーズン

| レーズン ... 100g
| ラム酒 ... 20g

　　　▶レーズンをざるに入れて熱湯をかけ、ラム酒に30分以上漬けるⓐ

▶型にオーブン用シートを敷く

▶オーブンは天板ごと180℃に予熱する

作り方

1. ボウルにバターを入れ、ハンドミキサーの高速でなめらかになるまで1分ほど混ぜる。

2. きび砂糖を加え、ふわっとして白っぽくなるまで2〜3分混ぜる。

3. 卵を5回ほどに分けて加え、そのつどつやが出て筋が見えるようになるまで30秒〜1分混ぜる。

4. 粉類をふるいながら加え、片手でボウルを手前に回しながら、ゴムべらで底から大きくすくい返すようにして20回ほど混ぜる。ボウルの側面の生地を落とし、コーヒー牛乳と汁けをきったラムレーズンを加え、さらに10回ほど混ぜる。粉けがなくなればOK。

5. 型に4を入れ、予熱完了後に170℃に下げたオーブンで40〜45分焼く。10分ほどがたち、生地の表面に膜ができたら、水で濡らしたナイフで中央に切り込みを入れる。

6. 竹串を中心部に刺してもなにもついてこなければ焼きあがり。型ごと高さ10cmほどから2回落とし、オーブン用シートごと取り出して、網にのせて冷ます。

◎レーズンが入るので生地の総量は10%ほど減らします。ただしレーズンは沈みやすいので、粉類の分量は減らさずに、しっかりとした生地にしています。

プルーンの紅茶煮

> 水 ... 80g
> 紅茶のティーバッグ(お好みのもの) ... 1袋(2g)
> ドライプルーン ... 120g ▶粗みじん切りにする
> きび砂糖 ... 50g

バター (食塩不使用) ... 95g ▶常温に戻してやわらかくする

きび砂糖 ... 90g

全卵 ... 90g (2個分弱)
> ▶フォークでほぐし混ぜ、70℃ほどの湯せんにかけて40℃ほどに温めておく

粉類
> 薄力粉 ... 85g
> アーモンドパウダー ... 20g
> シナモンパウダー ... 3g
> ベーキングパウダー ... 1g
> ▶合わせる

アプリコットジャム ... 100g

▶型にオーブン用シートを敷く
▶オーブンは天板ごと180℃に予熱する

作り方

1. プルーンの紅茶煮を作る。小鍋に水と紅茶のティーバッグを入れて中火で熱し、煮立ったら火を止め、ふたをして3分ほど蒸らす。ティーバッグを取り出し、ドライプルーンときび砂糖を加えて再び中火で熱して、ゴムべらでドライプルーンを潰しながらピューレ状にし、ほぼ水分がなくなるまで5分ほど煮る⒜。火を止めてそのまま冷まし、130gを使う。

2. ボウルにバターを入れ、ハンドミキサーの高速でなめらかになるまで1分ほど混ぜる。

3. きび砂糖を加え、ふわっとして白っぽくなるまで2〜3分混ぜる。

4. 卵を5回ほどに分けて加え、そのつどつやが出て筋が見えるようになるまで30秒〜1分混ぜる。

5. 粉類をふるいながら加え、片手でボウルを手前に回しながら、ゴムべらで底から大きくすくい返すようにして20回ほど混ぜる。ボウルの側面の生地を落とし、プルーンの紅茶煮130gを加え、さらに10回ほど混ぜる。粉けがなくなればOK。

6. 型に5を入れ、予熱完了後に170℃に下げたオーブンで40〜45分焼く。10分ほどがたち、生地の表面に膜ができたら、水で濡らしたナイフで中央に切り込みを入れる。

7. 竹串を中心部に刺してもなにもついてこなければ焼きあがり。型ごと高さ10cmほどから2回落とし、オーブン用シートごと取り出して、網にのせて冷ます。

8. 7が完全に冷めたらオーブン用シートをはずし、電子レンジで1分ほど加熱したアプリコットジャムをはけで上部と側面に塗り⒝、そのままおいて乾かす。

◎5でドライプルーンの紅茶煮を生地に加えたあとに混ぜすぎるとプルーンが生地と一体化してしまうので注意。

◎プルーンが入るので生地の総量は10%ほど減らします。ただしプルーンは沈みやすいので、粉類の分量は減らさずに、しっかりとした生地にしています。

ド
ラ
イ
プ
ル
ー
ン
の
紅
茶
煮
の
シ
ナ
モ
ン
風
味

干し柿とクリームチーズの白みそ風味

干し柿で作る和風のケーキ。
甘じょっぱい白みそがよいアクセントに。
焼きあがりは白みその風味が強く出ますが、
1日たつと落ち着きます。お好みでどうぞ。

材料 **下準備**

バター (食塩不使用) ... 95g ▶常温に戻してやわらかくする

グラニュー糖 ... 90g

白みそ ... 40g ⓐ

全卵 ... 90g (2個分弱)
　　▶フォークでほぐし混ぜ、70℃ほどの湯せんにかけて40℃ほどに温めておく

粉類 | 薄力粉 ... 105g
　　 | ベーキングパウダー ... 1g
　　▶合わせる

干し柿 ... 60g ⓑ ▶1cm角に切り、ざるに入れて熱湯をかける

クリームチーズ ... 60g ▶1cm角に切り、冷蔵室で冷やしておく

白いりごま ... 5g

▶型にオーブン用シートを敷く
▶オーブンは天板ごと180℃に予熱する

作り方

1. ボウルにバターを入れ、ハンドミキサーの高速でなめらかになるまで1分ほど混ぜる。

2. グラニュー糖と白みそを加え、ふわっとして白っぽくなるまで2〜3分混ぜる。

3. 卵を5回ほどに分けて加え、そのつどつやが出て筋が見えるようになるまで30秒〜1分混ぜる。

4. 粉類をふるいながら加え、片手でボウルを手前に回しながら、ゴムべらで底から大きくすくい返すようにして20回ほど混ぜる。ボウルの側面の生地を落とし、水けをきった干し柿とクリームチーズを加え、さらに10回ほど混ぜる。粉けがなくなればOK。

5. 型に4を入れ、白いりごまを散らし、予熱完了後に170℃に下げたオーブンで40〜45分焼く。10分ほどがたち、生地の表面に膜ができたら、水で濡らしたナイフで中央に切り込みを入れる。

6. 竹串を中心部に刺してもなにもついてこなければ焼きあがり。型ごと高さ10cmほどから2回落とし、オーブン用シートごと取り出して、網にのせて冷ます。

◎干し柿はいろいろなタイプがありますが、できれば肉厚のものがよいでしょう。
◎クリームチーズは冷やしておかないと生地に加えたときに形がくずれてしまいます。
◎干し柿が入るので生地の総量は10%ほど減らします。ただし干し柿は沈みやすいので、粉類の分量は減らさずに、しっかりとした生地にしています。

くるみとキャラメルのマーブル

粘度の高いキャラメルでマーブル模様を作れます。
キャラメルを加えたら混ぜすぎないよう注意。
くるみと合わせて甘く、
食べごたえあるケーキにしましょう。

ポピーシードとクリームチーズ

厳密にはナッツではなく種子ですが、
ナッツのような香ばしさがあるポピーシード（けしの種子）。
生地の中心に帯状にしたクリームチーズを敷き、
食感の層を作ります。

材料 **下準備**

キャラメル

　グラニュー糖 ... 50g

　塩 ... 1g

　水 ... 大さじ1

　生クリーム ... 50g ▶耐熱性のボウルに入れ、電子レンジで20秒ほど加熱する

バター（食塩不使用）... 95g ▶常温に戻してやわらかくする

グラニュー糖 ... 80g

全卵 ... 90g（2個分弱）

　　　▶フォークでほぐし混ぜ、70℃ほどの湯せんにかけて40℃ほどに温めておく

粉類 薄力粉 ... 75g

　　アーモンドパウダー ... 20g

　　ベーキングパウダー ... 1g

　　　▶合わせる

くるみ（ロースト済み）... 100g ▶粗みじん切りにする

▶型にオーブン用シートを敷く

▶オーブンは天板ごと180℃に予熱する

作り方

1. キャラメルを作る。小鍋にグラニュー糖、塩、水を入れ、あまり動かさずに中火で熱する。グラニュー糖の半分ほどが溶けたら、鍋を回してまんべんなく加熱し、完全に溶かす。濃いキャラメル色になったら火を止め、生クリームを2回に分けて加え、そのつどゴムべらでよく混ぜる。再度中火にかけて30秒ほど煮詰め、少しとろみがついたら耐熱性の容器に移し、そのまま冷まして40℃ほどにして、70gを使う（足りなくてもOK）。

2. ボウルにバターを入れ、ハンドミキサーの高速でなめらかになるまで1分ほど混ぜる。

3. グラニュー糖を加え、ふわっとして白っぽくなるまで2〜3分混ぜる。

4. 卵を5回ほどに分けて加え、そのつどつやが出て筋が見えるようになるまで30秒〜1分混ぜる。

5. 粉類をふるいながら加え、片手でボウルを手前に回しながら、ゴムべらで底から大きくすくい返すようにして20回ほど混ぜる。ボウルの側面の生地を落とし、くるみを加え、さらに10回ほど混ぜる。粉けがなくなればOK。

6. キャラメルを5の生地の上にのせⓐ、3回ほど大きく混ぜてマーブル状にするⓑ。

7. 型にスプーンで6を少しずつ落としながら入れ（なるべくいじらない）、ゆすってならす。予熱完了後に170℃に下げたオーブンで40〜45分焼く。10分ほどがたち、生地の表面に膜ができたら、水で濡らしたナイフで中央に切り込みを入れる。

8. 竹串を中心部に刺してもなにもついてこなければ焼きあがり。型ごと高さ10cmほどから2回落とし、オーブン用シートごと取り出して、網にのせて冷ます。

◎くるみが入るので生地の総量は10%ほど減らします。砂糖はキャラメルにも甘みがあるので少し減らしています。

◎キャラメルのおかげでしっとりするので、牛乳やはちみつは不要です。

くるみとキャラメルの
マーブル

材料 **下準備**

バター（食塩不使用）... 95g ▶常温に戻してやわらかくする

グラニュー糖 ... 80g

はちみつ ... 10g

全卵 ... 90g（2個分弱）

　　▶フォークでほぐし混ぜ、70℃ほどの湯せんにかけて40℃ほどに温めておく

粉類┃薄力粉 ... 105g
　　┃ベーキングパウダー ... 1g

　　▶合わせる

ポピーシード ... 15g ⓐ

クリームチーズ ... 100g

　　▶常温に戻してやわらかくし、ボウルに移して、グラニュー糖20gと牛乳10gを加え、
　　小さなゴムべらで練るようにして混ぜるⓑ

▶型にオーブン用シートを敷く

▶オーブンは天板ごと180℃に予熱する

ポピーシードと
クリームチーズ

作り方

1. ボウルにバターを入れ、ハンドミキサーの高速でなめらかになるまで1分ほど混ぜる。

2. グラニュー糖とはちみつを加え、ふわっとして白っぽくなるまで2〜3分混ぜる。

3. 卵を5回ほどに分けて加え、そのつどつやが出て筋が見えるようになるまで30秒〜1分混ぜる。

4. 粉類をふるいながら加え、片手でボウルを手前に回しながら、ゴムべらで底から大きくすくい返すようにして20回ほど混ぜる。ボウルの側面の生地を落とし、ポピーシードを加え、さらに10回ほど混ぜる。粉けがなくなればOK。

5. 型に**4**を²⁄₃量ほど入れ、クリームチーズを型の側面からは1cmほどあけて帯状にしながら広げるⓒⓓ。残りの**4**を加え、予熱完了後に170℃に下げたオーブンで40〜45分焼く。10分ほどがたち、生地の表面に膜ができたら、水で濡らしたナイフで中央に切り込みを入れる。

6. 竹串を中心部に刺してもなにもついてこなければ焼きあがり。型ごと高さ10cmほどから2回落とし、オーブン用シートごと取り出して、網にのせて冷ます。

◎ポピーシードを入れるとパサつくので、はちみつを加えて、しっとりさせます。

◎クリームチーズが入るので生地の総量は10%ほど減らします。ただしクリームチーズは沈みやすいので、粉類の分量は減らさずに、しっかりとした生地にしています。

ⓐ　ⓑ　ⓒ　ⓓ

材料 **下準備**

バター (食塩不使用) … 95 g ▶常温に戻してやわらかくする

グラニュー糖 … 80 g

はちみつ … 10 g

全卵 … 90 g (2個分弱)

▶フォークでほぐし混ぜ、70℃ほどの湯せんにかけて40℃ほどに温めておく

粉類
薄力粉 … 85 g
アーモンドパウダー … 20 g
ベーキングパウダー … 1 g

▶合わせる

アプリコットのオレンジ煮

ドライアプリコット … 50 g
オレンジジュース(果汁100 %) … 80 g

▶小鍋に材料を入れて中火で熱し、煮立ったら弱火にして6分ほど煮詰める@。
耐熱性のボウルに汁ごと移し、ラップをして冷蔵室にひと晩おく⑥。
汁けをきり、粗みじん切りにする

ピスタチオ (ロースト済み) … 40 g ▶粗みじん切りにする©

▶型にオーブン用シートを敷く

▶オーブンは天板ごと180℃に予熱する

作り方

1. ボウルにバターを入れ、ハンドミキサーの高速でなめらかになるまで1分ほど混ぜる。

2. グラニュー糖とはちみつを加え、ふわっとして白っぽくなるまで2〜3分混ぜる。

3. 卵を5回ほどに分けて加え、そのつどつやが出て筋が見えるようになるまで30秒〜1分混ぜる。

4. 粉類をふるいながら加え、片手でボウルを手前に回しながら、ゴムべらで底から大きくすくい返すようにして20回ほど混ぜる。ボウルの側面の生地を落とし、アプリコットのオレンジ煮とピスタチオを加え、さらに10回ほど混ぜる。粉けがなくなればOK。

5. 型に4を入れ、予熱完了後に170℃に下げたオーブンで40〜45分焼く。10分ほどがたち、生地の表面に膜ができたら、水で濡らしたナイフで中央に切り込みを入れる。

6. 竹串を中心部に刺してもなにもついてこなければ焼きあがり。型ごと高さ10cmほどから2回落とし、オーブン用シートごと取り出して、網にのせて冷ます。

◎ローストされていないピスタチオは150℃に予熱したオーブンで15分ほど焼きます。

◎アプリコットやピスタチオが入るので生地の総量は10%ほど減らします。ただしアプリコットやピスタチオは沈みやすいので、粉類の分量は減らさずに、しっかりとした生地にしています。

note
《 ナッツはローストしてから使用 》
そのままでも使えないことはないのですが、ローストすると香りも食感もよくなります。このレシピではピスタチオを150℃で15分ほど加熱するよう指示していますが、ほかのナッツ類もほぼ同様です。もちろんロースト済みの既製品を使用しても構いません。

ピスタチオと
ドライアプリコット

ドライアプリコットはオレンジジュースで煮て
くたくたのやわらかい状態にします。
ピスタチオとの食感の違いが際立ち、
味わい深いケーキになります。

くだものやナッツを加える
ナッツ ——————— 101

3

くだものやナッツを
加える

この章のポイント

「くだものやナッツを加える」ときの注意点

- 加える固形物の量は100〜120gが目安です。
- 固形物を生地に加えたときにありがちな失敗として、具材がすべて沈んでしまう、焼き上がったときに固形物が下のほうに偏ってしまうというケースがあります。そうならないためにはまず、分離していない生地をしっかり作ることがなにより大切。「基本のパウンドケーキ」 p10 に忠実に、よい生地を作ってください。
- ドライフルーツは、湯をかけてオイルコーティングを落としたり、酒類に浸してから使うことが多くありますが、その場合、汁けをしっかりときってから生地に加えてください。
- 生のくだものは小さめに切ることがポイント。桃、プラム、いちごなど、水分が多いくだものは、生地に混ぜ込まず、「いちごのカルダモン風味」 p66 のように生地の上に置くと、沈みにくくなります。
- くだものなどがどうしても沈んでしまう場合は、くだものに大さじ1の薄力粉をまぶしておくと、グルテンの支えによって沈みにくくなります。「ほうじ茶と大納言」 p32 の甘納豆の下処理を参考にしてください。

オリジナルレシピを作るヒント

- くだものはそのまま入れるときと、加熱・加糖するなど下処理をするときがあります。個人的な意見ですが、くだもの自体にしっかりと味がついているものはそのまま使用し、甘さをはっきりさせたいとき（「金柑のコンポート」 p63 、「パイナップルとココナッツのバジル風味」 p75 ）、生地との一体感を出したいとき（「かぼちゃのキャラメル風味」 p78 ）、風味をプラスしたいとき（「バナナのキャラメル風味」 p80 ）には、コンポートにしたり、キャラメリゼしたりします。
- ジャムはできれば手作りのものが望ましいのですが、市販のジャムを使う場合は、できるだけ果肉が多いものを選んでください。水分が多いジュレのようなジャムは分離しやすく、生地の中で沈みやすいのです。市販品でも構いませんが、手作りだとしっかりと果肉感を残せるのでおすすめです。
- ペーストにしておいしいのは、いわゆる「いも・くり・かぼちゃ」です。バナナもおすすめ。全般的に水分が少ないものがよいです。
- 柑橘類は季節によってさまざまなものが出ているので、旬のもので楽しんでみてください。かぼすやみかんなどもおもしろそうです。

4

パウンド型で作る
いろいろなお菓子

パウンドケーキ以外にも、パウンド型では
さまざまなな生地を焼くことができます。
ここではジェノワーズ（スポンジ生地）、塩味
のケーク・サレ、バターではなくオイルで
作る生地などをご紹介します。

いわゆるスポンジ生地で作る、シンプルで味わい深いケーキ。
焦がしたバターの濃厚な香りを楽しんでください。

**焦がしバターの
パウンドケーキ**

材料 下準備

バター（食塩不使用）… 110 g ▶常温に戻してやわらかくする

はちみつ … 15 g

全卵 … 100 g（2個分）▶常温に戻す

グラニュー糖 … 80 g

粉類 薄力粉 … 90 g
アーモンドパウダー … 20 g

▶合わせる

▶型にオーブン用シートを敷く

▶オーブンは天板ごと180℃に予熱する

作り方

1. 大きめのボウルに水を入れておく。小鍋にバターを入れて中火で熱し、泡立て器で混ぜながら溶かして、白い沈殿物が濃い茶色になるまで焦がしたら@、鍋底をボウルの水につけて40℃ほどに冷ます⒝。ボウルからはずし、はちみつを加えてさっと混ぜる（冷めたら再び加熱し、40℃ほどを保つ）。

2. 別のボウルに卵を入れてハンドミキサーの羽根で軽くほぐし、グラニュー糖を加え、約70℃の湯せんにかけながら完全になじむまですり混ぜて、約40℃に温める。

3. 2のボウルを湯せんからはずし、ハンドミキサーの高速で3分ほど混ぜる。すくうと流れ落ちた跡が3秒ほどで消えるくらいになったらOK⒞。

4. 1をゴムべらに伝わせながら回し入れ⒟、片手でボウルを回しながら、底から大きくすくい返すようにして全体を40回ほど混ぜる⒠。バターの筋がなくなればOK。

5. 粉類をふるいながら4回ほどに分けて加え、そのつど同様に20回ほど混ぜる。粉けがなくなり、つやが出たらOK⒡。

6. 型に5を入れて表面を平らにならし、型を高さ10cmほどのところから2回ほど落とす。予熱完了後に170℃に下げたオーブンで35分ほど焼く。竹串を中心部に刺してもなにもついてこなければ焼きあがり。

7. 型ごと高さ10cmほどから2回ほど落とし、オーブン用シートごと取り出して、網にのせて冷ます。

◎できれば発酵バターを使うとより香りが豊かになります。
◎スポンジ生地は温度の管理が重要です。レシピの指示を守り、よくふくらむ生地にしてください。

おなじみのウィークエンドを、
ここではレモンではなくゆずで作ります。

ゆずのガトー・
ウィークエンド

材料 **下準備**

バター（食塩不使用）... 80g ▶常温に戻してやわらかくする

はちみつ ... 10g

ゆず ... 1個 ▶塩適量でよくもみ洗いする。皮はすりおろす。
　果汁を絞り、10gを**1**で、4gは下記のアイシングに使う

全卵 ... 100g（2個分）▶常温に戻す

グラニュー糖 ... 80g

粉類｜薄力粉 ... 90g
　　　｜アーモンドパウダー ... 20g
　　　▶合わせる

ゆず茶のもと ... 70g＋適量 ⓐ

アイシング
　｜粉砂糖 ... 70g
　｜ゆず果汁 ... 4g
　｜水 ... 8g
　▶ボウルに粉砂糖をふるい入れ、ゆず果汁と水を加え、小さなゴムべらでつやが出るまで混ぜる

▶型にオーブン用シートを敷く
▶オーブンは天板ごと180℃に予熱する

作り方

1. ボウルにバター、はちみつ、ゆずの皮のすりおろし、ゆず果汁10gを入れ、約70℃の湯せんにかけてバターを溶かしⓑ、約40℃に保つ。

2. 別のボウルに卵を入れてハンドミキサーの羽根で軽くほぐし、グラニュー糖を加え、約70℃の湯せんにかけながら完全になじむまですり混ぜて、約40℃に温める。

3. 2のボウルを湯せんからはずし、ハンドミキサーの高速で3分ほど混ぜる。すくうと流れ落ちた跡が3秒ほどで消えるくらいになったらOK。

4. 1をゴムべらに伝わせながら回し入れⓒ、片手でボウルを回しながら、底から大きくすくい返すようにして全体を40回ほど混ぜる。バターの筋がなくなればOK。

5. 粉類をふるいながら4回ほどに分けて加え、そのつど同様に20回ほど混ぜる。粉けがなくなり、つやが出たらOK。

6. 型に5を入れて表面を平らにならし、型を高さ10cmほどから2回ほど落とす。予熱完了後に170℃に下げたオーブンで35分ほど焼く。竹串を中心部に刺してもなにもついてこなければ焼きあがり。

7. 型ごと高さ10cmほどから2回ほど落とし、オーブン用シートごと取り出して、上下を返して網にのせて冷ます。

8. 7が完全に冷めたらオーブン用シートをはずし、型に戻して、型の高さからはみ出した上部を切り落とすⓓ。再度上下を返して網にのせる。

9. 耐熱性のボウルにゆず茶のもと70gを入れ、電子レンジで1分ほど加熱し、はけで8の上部と側面に塗る。

10. 8の上部と側面にはけでアイシングを塗り、ゆず茶のもとの皮適量をのせる。200℃に予熱したオーブンで2分ほど加熱し、乾かす。

◎「ゆず茶」は湯で薄めて飲む韓国発祥のお茶のもと。輸入食材店やスーパーなどで購入可。
◎レモンで作る場合はゆずをそのままレモンに置き換えてください。ゆず茶は同量のアプリコットジャムで代用してください。

サーモンとズッキーニのケーク・サレ

材料 **下準備**

全卵 ... 100g（2個分）▶常温に戻す

牛乳 ... 60g

オリーブオイル ... 60g

グラニュー糖 ... 5g

塩 ... 2g

粗びき黒こしょう ... 1g

粉チーズ ... 40g

粉類 薄力粉 ... 120g

ベーキングパウダー ... 4g

　▶合わせる

A ズッキーニ ... 1/2個（80g）▶1.5cm角に切る

玉ねぎ ... 1/4個 ▶薄切りにする

　▶フライパンにオリーブオイル大さじ1を中火で熱し、
　ズッキーニと玉ねぎをしんなりするまで炒め、
　塩・粗びき黒こしょう各少々をふる@

サーモン（切り身）... 100g

　▶1cm角に切り、塩・粗びき黒こしょう各少々をふる(b)

フロスティング

クリームチーズ ... 100g ▶常温に戻してやわらかくする

ディル ... 10本 ▶細かく刻む

牛乳 ... 10g

塩 ... 1g

　▶ボウルに材料すべてを入れ、ゴムべらで練るように混ぜる

▶型にオーブン用シートを敷く

▶オーブンは天板ごと190℃に予熱する

作り方

1. ボウルに卵を入れて泡立て器でほぐし、牛乳、オリーブオイル、グラニュー糖、塩、粗びき黒こしょうを加え、混ぜ合わせる。

2. 粉チーズを加え、さらに混ぜる©。

3. 粉類をふるいながら加え、片手でボウルを手前に回しながら、ゴムべらで底から大きくすくい返すようにして30回ほど混ぜる。8割ほど混ざればOK。

4. Aとサーモンのそれぞれ4/5量ほどを加え、5回ほど混ぜる。

5. 型に4を入れ、残りのAとサーモンをのせ(d)、予熱完了後に180℃に下げたオーブンで30分ほど焼く。

6. 竹串を中心部に刺してもなにもついてこなければ焼きあがり。型ごと高さ10cmほどから2回落とし、オーブン用シートごと取り出して、網にのせて冷ます。

7. 6が完全に冷めたらオーブン用シートをはずし、上部にゴムべらでフロスティングを塗り広げる。

◎フロスティングを塗ったら冷蔵室で保存し、早めに食べきって。
◎オリーブオイルはサラダ油や米油に替えても構いません。

じゃがいもとベーコンのケーク・サレ

材料 **下準備**

全卵 ... 100g（2個分）▶常温に戻す

牛乳 ... 60g

オリーブオイル ... 60g

粒マスタード ... 15g

グラニュー糖 ... 10g

塩 ... 2g

粗びき黒こしょう ... 1g

粉チーズ ... 40g

粉類 薄力粉 ... 120g

ベーキングパウダー ... 4g

　▶合わせる

A 玉ねぎ ... 1/4個 ▶薄切りにする

じゃがいも ... 1個（100g）

　▶半分に切って薄切りにし、水にさらす

ベーコン ... 100g ▶幅1cmに切る

　▶フライパンにオリーブオイル大さじ1を中火で熱し、
　玉ねぎをしんなりするまで炒め、じゃがいもとベーコンを加えて
　炒め合わせ、塩・こしょう各少々をふる

スライスチーズ（チェダー）... 4枚

▶型にオーブン用シートを敷く

▶オーブンは天板ごと190℃に予熱する

作り方

1. 「サーモンとズッキーニのケーク・サレ」と同様に作る。ただし1では粒マスタードも加える。4ではAの4/5量ほどを加える。5では4の1/4量ほど→手でちぎったスライスチーズの1/3量ほど(e)の順にくり返して入れ、残りのAをのせる。7は不要。

しっかり味で食べごたえあるケーク・サレです。
ほかの食材でアレンジがしやすいのも楽しいレシピです。

じゃがいもとベーコンのケーク・サレ

サーモンとズッキーニのケーク・サレ

お惣菜ケーキのケーク・サレです。ホームパーティなどにも最適。
失敗しにくい生地なので、気軽に挑戦してみてください。

アップルシナモンケーキ

バターの代わりにオイルで作るケーキは、ふわっと軽やかに仕上がり、
また、失敗しにくいという特長があります。
ハンドミキサーでしっかり泡立てて。

米粉のチョコバナナブレッド

薄力粉を米粉に替えると、
もっちりした食感になりますが、
ほどよく上品な味に仕上げました。

アップルシナモンケーキ

材料 **下準備**

全卵 ... 100g（2個分）▶常温に戻す

きび砂糖 ... 70g

サラダ油 ... 70g

牛乳 ... 20g

粉類 | 薄力粉 ... 100g
| アーモンドパウダー ... 20g
| シナモンパウダー ... 4g
| ベーキングパウダー ... 2g
▶合わせる

りんご ... 1/2個（正味100g）
▶8等分のくし形切りにして薄切りにする

フロスティング

| クリームチーズ ... 100g ▶常温に戻してやわらかくする
| グラニュー糖 ... 30g
| レモン汁 ... 10g
▶ボウルに材料すべてを入れ、ゴムべらで練るように混ぜる

▶型にオーブン用シートを敷く
▶オーブンは天板ごと190℃に予熱する

作り方

1. ボウルに卵ときび砂糖を入れ、ハンドミキサーの高速で1分ほど混ぜる。

2. サラダ油を3回に分けて加え、そのつどつやが出るまで1分ほど混ぜる。

3. 牛乳を加え、さっと混ぜる。

4. 粉類をふるいながら加え、片手でボウルを手前に回しながら、ゴムべらで底から大きくすくい返すようにして30回ほど混ぜる。8割ほど混ざればOK。

5. ボウルの側面の生地を落とし、りんごを加え、5回ほど混ぜる。

6. 型に5を入れ、予熱完了後に180℃に下げたオーブンで45〜50分焼く。

7. 竹串を中心部に刺してもなにもついてこなければ焼きあがり。型ごと高さ10cmほどから2回落とし、オーブン用シートごと取り出して、網にのせて冷ます。

8. 7が完全に冷めたらオーブン用シートをはずし、上部にゴムべらでフロスティングを塗り広げる。

◎油は太白ごま油やオリーブオイルでも構いません。

米粉のチョコバナナブレッド

材料 **下準備**

全卵 ... 100g（2個分）▶常温に戻す

きび砂糖 ... 70g

米油 ... 40g

チョコレート（スイート）... 50g
▶耐熱性のボウルに入れ、電子レンジで40秒ずつ、3回に分けて加熱して溶かし、40℃ほどにする

バナナ ... 2本（150g）
▶1本はフォークの背で潰してピューレ状にし、もう1本は縦半分に切る

粉類 | 製菓用米粉 ... 70g
| アーモンドパウダー ... 30g
| ベーキングパウダー ... 2g
▶合わせる

▶型にオーブン用シートを敷く
▶オーブンは天板ごと180℃に予熱する

作り方

1. 「アップルシナモンケーキ」と同様に作る。ただし2ではサラダ油の代わりに米油を加える。3では牛乳の代わりにピューレ状のバナナ1本分と溶かしたチョコレートを加える。5のりんごは不要。6で型に5を入れたあとに縦半分に切ったバナナ1本分をのせ、焼成温度は170℃にする。8は不要。

米粉の
チョコレートケーキ

小麦粉を使わない「フラワーレス」タイプの
米粉とメレンゲで作るふわふわのケーキです。

材料　下準備

チョコレート（スイート）... 50g
　▶粗みじん切りにする
バター（食塩不使用）... 60g
卵黄 ... 40g（2個分）
グラニュー糖 ... 40g＋40g
卵白 ... 60g（2個分）
粉類｜製菓用米粉 ... 15g
　　｜ココアパウダー ... 30g
　▶合わせる
粉砂糖（トッピング用）... 適量

▶型にオーブン用シートを敷く
▶オーブンは天板ごと180℃に予熱する

作り方

1. ボウルにチョコレートとバターを入れ、70℃ほどの湯せんにかけてすべて溶かし、40℃ほどに保つ。
2. 別のボウルに卵黄とグラニュー糖40gを入れ、泡立て器で白っぽくなるまで1分ほどすり混ぜる。
3. さらに別のボウルに卵白を入れ、ハンドミキサーの高速で30秒ほど泡立てる。グラニュー糖40gを3回に分けて加えながら、さらに2分ほど泡立て、角がぴんと立つくらいにする ⓐ。
4. 2のボウルに1を加え、泡立て器ですり混ぜる。さらに3の1/3量ほどを加え、ゴムべらですくい上げるようにしながら20回ほど混ぜる ⓑ。
5. 粉類をふるいながら加え、片手でボウルを手前に回しながら、ゴムべらで底から大きくすくい返すようにして20回ほど混ぜる。
6. 残りの3を2回に分けて加え、そのつど20回ほどつやが出るまで混ぜる。
7. 型に6を入れ、予熱完了後に170℃に下げたオーブンで40分ほど焼く。
8. 竹串を中心部に刺してもなにもついてこなければ焼きあがり。型ごと高さ10cmほどから2回落とし、オーブン用シートごと取り出して、網にのせて冷ます。
9. 8が完全に冷めたらオーブン用シートをはずし、茶こしで粉砂糖をふるいかける。

パン・デピス

クリスマスに食べる、スパイスがたくさん入った
パンのようなケーキ、パン・デピスの簡易版です。

材料 下準備

粉類
強力粉 ... 75g
薄力粉 ... 75g
アーモンドパウダー ... 75g
シナモンパウダー ... 3g
ジンジャーパウダー ... 3g
ナツメグパウダー ... 1g
カルダモンパウダー ... 1g
ベーキングパウダー ... 3g
▶合わせる

はちみつ ... 120g
バター（食塩不使用）... 75g
牛乳 ... 75g
全卵 ... 75g（1½個分）▶常温に戻す
きび砂糖 ... 60g
アプリコットジャム ... 100g

▶型にオーブン用シートを敷く
▶オーブンは天板ごと170℃に予熱する

作り方

1. ボウルに粉類をふるい入れる。

2. 小鍋にはちみつ、バター、牛乳を入れて中火で熱し、バターが溶けたら火を止め、そのまま冷ます。

3. 別のボウルに卵ときび砂糖を入れ、泡立て器で1分ほどすり混ぜる。

4. 1のボウルに2の½量ほどと3を加え、泡立て器で中心から外側へ円を描くようにしながら、粉けがなくなるまで混ぜる@。

5. 残りの2を加え、片手でボウルを手前に回しながら、ゴムべらで底から大きくすくい返すようにして30回ほど混ぜる。

6. 型に5を入れ、予熱完了後に160℃に下げたオーブンで40〜45分焼く。10分ほどがたち、生地の表面に膜ができたら、水で濡らしたナイフで中央に切り込みを入れる。

7. 竹串を中心部に刺してもなにもついてこなければ焼きあがり。型ごと高さ10cmほどから2回落とし、オーブン用シートごと取り出して、網にのせて冷ます。

8. 7が完全に冷めたらオーブン用シートをはずし、電子レンジで1分ほど加熱したアプリコットジャムをはけで上部と側面に塗り、そのままおいて乾かす。

◎4と5では混ぜすぎに注意。
◎チーズといっしょに食べてもおいしいです。

加藤里名

菓子研究家。大学卒業後、会社員として働きながら「イル・プルー・シュル・ラ・セーヌ」でフランス菓子を学び、退職後に渡仏。パリのLE CORDON BLEUの菓子上級コースを修め、その後は人気パティスリー、LAURENT DUCHÊNEにスタージュとして勤務。帰国後の2015年より東京・神楽坂にて「洋菓子教室SUCRERIES」を主宰。著書や雑誌などでレシピを発表するほか、オンラインで販売している焼き菓子はすぐに完売してしまうほどの人気ぶり。著書に『そのまま食べてもおいしい！ ふわふわスポンジ生地のお菓子』『あれもこれも作れる！ パウンド型のいちばんおいしいお菓子たち』『ナンバーケーキ』(すべて主婦と生活社)、『はじめてのクッキー缶』(家の光協会)、『レモンのお菓子づくり』(誠文堂新光社)など。

調理補助 ... 森本成美　新名綾子　神崎優美

撮影 ... 福尾美雪

スタイリング... 岩﨑牧子

デザイン... 塙 美奈[ME&MIRACO]

校閲 ... 安藤尚子　河野久美子

編集 ... 小田真一

撮影協力 ... UTUWA

読者アンケートにご協力ください

この度はお買い上げいただきありがとうございました。
『パウンドケーキ 無限レシピ』はいかがだったでしょうか？
右のQRコードからアンケートにお答えいただけると幸いです。
今後のより良い本作りに活用させていただきます。所要時間は5分ほどです。

◎このアンケートは編集作業の参考にするもので、ほかの目的では使用しません。
詳しくは当社のプライバシーポリシー (https://www.shufu.co.jp/privacy)をご覧ください。

パウンドケーキ 無限レシピ

著　者　加藤里名
編集人　束田卓郎
発行人　倉次辰男
発行所　株式会社主婦と生活社
　　　　〒104-8357 東京都中央区京橋3-5-7
　　　　[編集部] ☎ 03-3563-5129
　　　　[販売部] ☎ 03-3563-5121
　　　　[生産部] ☎ 03-3563-5125
　　　　https://www.shufu.co.jp
　　　　jituyou_shufusei@mb.shufu.co.jp
製版所　東京カラーフォト・プロセス株式会社
印刷所　共同印刷株式会社
製本所　株式会社若林製本工場

ISBN970 4 391-16033-8